A COROA DA INDIVIDUALIDADE

WILLIAM GEORGE JORDAN

TRADUÇÃO
Débora Isidoro

ns

São Paulo, 2025

A coroa da individualidade

Editor: Luiz Vasconcelos
Coordenação editorial: Silvia Segóvia
Tradução: Débora Isidoro
Preparação: João Campos
Revisão: Marsely De Marco
Silvia Segóvia
Diagramação: Manoela Dourado
Capa: Marcelo Siqueira

Texto de acordo com as normas do Novo Acordo Ortográfico da Língua Portuguesa (1990), em vigor desde 1º de janeiro de 2009.

Dados Internacionais de Catalogação na Publicação (CIP)
Angélica Ilacqua CRB-8/7057

Jordan, William George
A coroa da individualidade / William George Jordan ; tradução de Débora Isidoro. -- Barueri, SP : Novo Século Editora, 2025.
144 p.

ISBN 978-85-428-1824-6
Título original: The Crown of Individuality

1. Autoajuda 2. Individualidade I. Título II. Isidoro, Débora

25-1712 CDD 158.1

Índice para catálogo sistemático:
1. Autoajuda

Uma marca do Grupo Novo Século

Alameda Araguaia, 2190 – Bloco A – 11º andar – Conjunto 1111
CEP 06455-000 – Alphaville Industrial, Barueri – SP – Brasil
Tel.: (11) 3699-7107 | E-mail: atendimento@gruponovoseculo.com.br
www.gruponovoseculo.com.br

SUMÁRIO

A COROA DA INDIVIDUALIDADE

A MAIOR CORAGEM DA VIDA É A CORAGEM DA ALMA. É VIVER, dia a dia, com sinceridade, firmeza e serenidade, apesar de todas as opiniões, todos os obstáculos, toda a oposição.

Tal coragem é o vinho da inspiração para nós mesmos e para os outros, produto das uvas esmagadas de nossas tristezas. Essa coragem engrandece a vida mais simples; torna sublime a vida grandiosa. Significa a verdadeira dignidade da excelente vida individual.

Cada homem é soberano do reinado de si mesmo. Ele usa a coroa da individualidade, que mão alguma, exceto a dele, pode remover. Não deve apenas reinar, mas governar. A individualidade é seu verdadeiro eu, seu melhor eu, seu eu mais elevado, seu eu vitorioso.

Pensamentos, palavras, atos, sentimentos, objetivos e poderes são seus súditos. Com força suave e firme, ele deve comandá-los, ou acabarão tirando de seus dedos fracos as rédeas do governo e governarão em seu lugar. O homem deve ser, antes de tudo, verdadeiro consigo mesmo, ou será falso com todo mundo.

O homem reina sozinho sobre este pequeno reino do eu. Ele é tão autocrata quanto Deus governando o universo. Ninguém pode torná-lo bom ou mau, exceto ele mesmo. Ninguém mais no mundo tem seu trabalho ou sua influência. Cada um de nós pode levar um bálsamo de alegria, força, luz e amor a alguns corações que não responderão a nenhum outro. Cada um pode adicionar a última gota amarga na taça da vida de alguém que conta com nosso amor ou nossa amizade. Ninguém mais pode viver nossa vida, cumprir lealmente nossos deveres ou usar a coroa de nossa individualidade.

Se enxergamos tudo isso em sua verdadeira luz, surgirá uma alegria e uma inspiração maravilhosa para nós, pois nunca mais perguntaremos: "Para que sirvo no mundo?".

Quando Deus "criou o homem à sua imagem", seu primeiro presente para ele foi o domínio. O maior domínio é sobre si mesmo. Nossa vida tem que ser vital para aqueles à nossa volta. Cada um pode ser o sol da vida no céu de alguém, talvez de muitos. Se de repente nossa influência diária se tornasse

A MAIOR CORAGEM DA VIDA É A CORAGEM DA ALMA. É VIVER, DIA A DIA, COM SINCERIDADE, FIRMEZA E SERENIDADE.

nítida e luminosa em cada detalhe, ficaríamos tão atordoados com a revelação quanto Moisés diante da sarça ardente.

Perceber a glória da coroa de nossa individualidade varreria igualmente para o nada a pequenez da vida egoísta e a grandiosidade dos problemas eternamente sem resposta.

O mundo precisa de mais individualidade em seus homens e mulheres. Precisa deles com a alegria da liberdade individual na mente, o sangue fresco do propósito honesto no coração e a coragem da verdade na alma. Precisa de mais pessoas ousando ter os próprios pensamentos mais elevados e de mais vozes fortes e vibrantes para expressá-los, não de fonógrafos humanos repetindo de maneira mecânica o que outra pessoa disse.

O mundo precisa de homens e mulheres guiados apenas pela luz da verdade e tão incapazes de suprimir suas convicções mais elevadas quanto o Vesúvio de conter seu fogo vivo.

Eles têm a alegre e inspiradora consciência de que não são meros números na lista do censo, nem vítimas impotentes dos próprios impulsos, nem tijolos humanos criados em uniformidade pelo convencionalismo, mas indivíduos. Não são cópias carbono[1] apagadas por outras pessoas, mas originais intensos e em negrito de si mesmos. Eles são sempre luz, não reflexos; vozes, não ecos. Para eles, as coisas reais da vida são as únicas que são grandiosas, os únicos objetos pelos quais vale a pena lutar.

Em nossas horas mais sombrias, se acreditarmos, uma nova força surge em nós, da mesma forma que as estrelas silenciosas

1 Cópias de documentos feitas com o uso de uma folha de papel carbono entre o original e a cópia.

brilham no céu sobre nós quando está escuro o suficiente. A batalha mais difícil para o nosso eu mais elevado é a que temos que lutar sozinhos, quando estamos famintos por amor e companhia. Se tivermos um ou dois amigos queridos e leais se mantendo bravamente ao nosso lado, nos entendendo com um olhar, nos incentivando com um sorriso ou nos inspirando com um caloroso aperto de mão, vibraremos com coragem e confiança.

Mas se eles nos deixarem, se afastarem quando sob pressão, ou mesmo nos traírem, enfrentemos sozinhos a vida aparentemente vazia que nos resta da forma mais heroica que pudermos. Permaneçamos numa força silenciosa, como uma sentinela solitária vigiando um regimento adormecido nas sombras da noite, esquecendo por um tempo o terror da solidão, a escuridão, o isolamento e a invasão de memórias fantasmas que se negam a permanecer sepultadas, com a coragem que vem de enfrentar um dever inevitável com uma alma robusta.

Claro que não é fácil viver nas terras altas da vida. Nunca se disse que seria fácil, mas vale a pena.

A individualidade é a única vida real. É respirar o ar da liberdade mental, moral e espiritual. A natureza criou incontáveis milhares de flores, árvores, pássaros e animais sem permitir que dois fossem exatamente iguais. Ela os carimbou com individualidade. E fez isso de uma maneira ainda maior para o homem. Algumas pessoas parecem passar a maior parte do tempo tentando absorver o carimbo. Seguem os passos da multidão, são guiadas por seus conselhos. Elas vestem um uniforme de opinião; sofrem na camisa de força de convenções tolas, buscam sempre acompanhar o passo da fileira e marchar em sólida mesmice ao longo da estrada confortavelmente pavimentada pelo pensamento de outras pessoas, não pelo próprio pensamento.

CADA HOMEM É SOBERANO DO REINADO DE SI MESMO. ELE USA A COROA DA INDIVIDUALIDADE, QUE MÃO ALGUMA, EXCETO A DELE, PODE REMOVER.

Individualidade significa estimular todas as flores da nossa melhor natureza e banir uma a uma as ervas daninhas do nosso eu inferior. Significa superioridade sobre si mesmo e irmandade com toda a humanidade. Significa autoconhecimento, autoconfiança, autossuficiência, equilíbrio, autocontrole, autodomínio. É a expressão mais plena do nosso eu superior, assim como a rosa mais perfeita representa com mais propriedade a roseira em que floresce.

Individualidade é a união e a unidade completa e automática de mente, natureza, coração e vida do homem. Acontece sempre de dentro para fora e não de fora para dentro. O automóvel é um tipo de individualidade, não é empurrado, puxado ou impulsionado por forças externas. O automóvel é automotivado, autodirigido e automotor.

Excentricidade não é individualidade, é uma distorção antinatural, como o reflexo de um espelho côncavo ou convexo. Hipocrisia não é individualidade, uma máscara nunca é um rosto e, não importa quanto está perto da pele, nunca se torna um rosto real. Convencionalidade não é individualidade, mas é a modelagem de tudo que é vital e original em nós para se adequar a um tipo comum. Afetação não é individualidade, mas apenas uma exibição pretensiosa de qualidades que, na verdade, não possuímos. A individualidade permeia cada pensamento, palavra e ato como pouco de pigmento tinge um barril de água para que o microscópio detecte a matéria corante[2] em cada gota. A individualidade coroa cada expressão de si mesma, em cada dia de vida, com a coroa da própria realeza.

Aquele que é desviado de um caminho que sabe que é certo por temer o ridículo, as provocações, o escárnio ou o sarcasmo daqueles à sua volta não é um homem autodirigido pelo certo. Ele é apenas um fantoche guiado pelas cordas da manipulação nas mãos dos outros. É um marionete em um show Punch e Judy,[3] mas que não propicia entretenimento, e sim moralismo.

O homem que sabe que está agindo errado, que pode perceber isso com frieza, calma e atenção e até mesmo confessar o erro com uma espécie de bravata, enquanto é muito covarde e egoísta para fazer o que é certo, não é um rei sobre seu eu superior, mas um escravo de seu eu inferior. Saber o que é certo e enxergá-lo sem ilusões apenas enfatiza a profundidade do abismo em que ele caiu.

2 Substância utilizada para tornar visíveis certas estruturas microscópicas.
3 Punch and Judy é um tradicional show cômico de marionetes, surgido na Inglaterra em 1662.

A mulher que deixa a amargura crescer em seu coração até envenenar o julgamento, matar o amor que lhe era caro, amortecer todas as emoções mais delicadas e deixar o preconceito petrificado usurpar o trono da justiça enquanto ela fecha os ouvidos a todos os apelos por compreensão, comete uma dessas pequenas tragédias da vida cotidiana que podem marcar por anos a alma de alguém julgado com tanta crueldade e erroneamente. Ela pode jogar de maneira imprudente a coroa de ouro de sua individualidade, com todo seu amor e sua ternura, na solidão desconfiada dos anos.

A INDIVIDUALIDADE É A ÚNICA VIDA REAL. É RESPIRAR O AR DA LIBERDADE MENTAL, MORAL E ESPIRITUAL.

Aquele que, por pura falta de propósito, vagueia pela vida e deixa os anos dourados de suas maiores esperanças retornarem vazios à perspectiva de seu passado; enquanto enche os ouvidos com o canto de sereia da procrastinação, está fazendo hora extra para acumular remorso e obscurecer seu futuro. Ocioso, permite que a coroa de sua individualidade seja só um símbolo irritante do que *poderia ser*, em vez de um emblema alegre do que *é*. Esse homem está reinando, pois ele deve reinar, mas não está governando.

Individualidade não significa meramente ser nosso "eu", mas nosso "eu" mais elevado. Nunca significa viver somente para si mesmo. O mundo, em todos os seus aspectos, deve ser salvo por indivíduos. Não se pode elevar moralmente toda a humanidade em massa; o bem deve ser recebido e aceito como indivíduo. O trabalho conjunto dos indivíduos compõe a ação da sociedade. É mais fácil estimular o indivíduo a agir do que incentivar a sociedade, assim como é mais fácil levantar uma pedra do que uma catedral. À medida que intensificamos a verdadeira individualidade, imediatamente começamos uma excelente cooperação com o melhor trabalho de toda a humanidade.

Individualidade é o elo; cooperação é a corrente. Você pode fortalecer a corrente somente à medida que fortalece o elo. Cristo, o grande individualista, não conhecia sombra de egoísmo. Ele procurou fazer elos melhores e mais fortes na cadeia viva da humanidade. Sua influência foi sempre uma inspiração. Ele representou a individualidade aperfeiçoada e a perfeição individual.

Vamos comandar como um rei nossa individualidade, dominando dentro de nós cada elemento de fraqueza que nos impede de dar o melhor e elevando cada elemento de força ao seu mais alto potencial, vivendo em simples harmonia com nossos ideais. Devemos começar hoje. Hoje é o único dia real da vida para nós. Hoje é o túmulo do ontem, o berço do amanhã. Todo o nosso passado termina hoje. Todo o nosso futuro começa hoje.

Vamos procurar reinar com nobreza no trono do nosso eu mais elevado por um só dia, preenchendo cada momento de cada hora com o nosso melhor, a melhor versão altruísta. Dessa forma, teremos um vislumbre da glória dourada dos picos iluminados pelo sol, um tônico tão alegre e radiante dos mais altos níveis da vida, que nunca mais poderemos habitar novamente o vale escuro da vida comum sem nos sentirmos enclausurados, sufocados e famintos pelo ar mais livre e pela perspectiva mais ampla.

Se, ao final do dia, pudermos pensar em um ser humano cujo céu foi escurecido por nosso egoísmo, alguém cujo fardo foi novamente aumentado por nossa falta de gentileza, alguém cujo travesseiro será molhado com lágrimas causadas por nossa injustiça, alguém cuja fé na humanidade foi enfraquecida em um momento crucial por nossa amargura ou crueldade, que possamos corrigir rapidamente nossa falta. Escrevamos a carta que nosso coração nos impele a escrever enquanto o orgulho tolo deteria a mão; façamos a confissão que glorificará os lábios que tememos que possam humilhar; vamos estender a mão do amor na escuridão até que ela toque e inspire o ser humano fiel que possivelmente nunca nos causou dor verdadeira.

Tenhamos aquele grande orgulho de nossa individualidade que não admite que mesquinharias ou vaidades nos impeçam de fazer o que sabemos ser certo. Vista as roupas de seu orgulho real de maneira tão real que não seja nenhum sacrifício se abaixar para limpar o que pode sujá-las.

INDIVIDUALIDADE É O ELO; COOPERAÇÃO É A CORRENTE.

Façamos desta nossa vida uma alegria para nós mesmos e uma torre de força para os outros. Então teremos feito desta vida um sucesso, independentemente de seus resultados. Teremos construído caráter — e caráter é a vida real. O sucesso mais verdadeiro não é aquele que o mundo geralmente considera mais alto, aquele que é contado em uma caixa registradora. O sucesso mais verdadeiro é uma natureza forte, que vive sob uma alta pressão moral, mas constante, e irradia amor, gentileza, simpatia, força, ternura e alegria para os outros.

Vamos viver com o rosto sempre voltado corajosamente para o mais tênue nascer do sol de uma nova inspiração. Vamos perceber que os quatro guardiões da coroa da individualidade são o Direito, a Justiça, a Verdade e o Amor.

Façamos do Direito nosso guia mais elevado, da Justiça nosso melhor objetivo, da Verdade nossa revelação final e do Amor a atmosfera constante de nossa vida. Então, verdadeiramente reinaremos e governaremos. Não é a extensão do reino, mas a boa qualidade da realeza que realmente importa.

NÃO HÁ LUGAR PARA ELES NA HOSPEDARIA

A ATITUDE DO MUNDO EM RELAÇÃO AO NASCIMENTO DE TODA grande verdade se baseia em uma única frase na história simples do primeiro Natal, o maior aniversário desde o início dos tempos. Maria colocou o menino Jesus em uma manjedoura "porque não havia lugar para eles na hospedaria".

Para o sucesso mundano, fama, prestígio social, triunfo coroado de louros, a hospedaria é iluminada; há música acolhedora e as portas da hospedaria estão escancaradas. Mas a luta pela realização sublime, o esforço heroico para melhorar o mundo, a simples consagração da alma a um nobre ideal significam a manjedoura e um caminho solitário iluminado apenas pela tocha da verdade erguida na mão do propósito.

O certo precisa sempre lutar contra o mundo. A verdade deve sempre andar sozinha em seu Getsêmani. A justiça tem que enfrentar bravamente seu calvário se ainda quiser triunfar depois de todos os esforços para destruí-la. No final, o amor deve sempre irromper em seu esplendor das nuvens escuras de ódio e da discórdia que tentam encobri-lo. Essas grandes verdades devem nascer na manjedoura da pobreza, da dor, da provação ou do sofrimento, não encontram lugar na hospedaria até que, finalmente, ao triunfarem, honrem a hospedaria que nunca os honrou em suas horas de necessidade, de luta ou de escuridão.

Assim está escrito na história dos líderes do mundo, é o coro da canção de todo grande esforço humano, é o segredo das horas mais solitárias de aspiração suprema, resume toda a vida de Cristo. Como um bebê, não havia lugar para Ele na hospedaria; como um menino, não havia lugar para Ele em Israel; como um homem condenado por Pilatos, não havia lugar para Ele em todo o mundo. Sua vida parecia um fracasso, os resultados eram pobres e estéreis, mas hoje o mundo tem milhares de igrejas, hospedarias espirituais, construídas em Sua memória. A glória no fim faz as provações ao longo do caminho parecerem nada.

PARA O SUCESSO MUNDANO, FAMA, PRESTÍGIO SOCIAL, TRIUNFO COROADO DE LOUROS, A HOSPEDARIA É ILUMINADA.

É preciso ter coragem para viver nas alturas da verdade, lutando com bravura pelo que é certo, sem se abater pela frieza nem se intimidar pelo desprezo, sem se deixar abalar pelas críticas, confiando com serenidade, mesmo nas horas mais sombrias, que o certo, a justiça e a verdade devem vencer no final.

Podemos ver a hospedaria acolher os bem-sucedidos sem examinar as contas das formas e meios pelos quais esse sucesso foi conquistado; deixar entrar o hipócrita sem perceber que seu passaporte é forjado, aceitar os arrogantes e assertivos por sua própria avaliação, confundir o bronze da pretensão com o ouro do verdadeiro valor, dar um belo conjunto de suítes a uma moda passageira e não dispor de espaço algum para uma filosofia. O mundo comete muitos erros. O tempo corrige muitos erros. O tempo está sempre ao lado do certo e da verdade. É o aliado silencioso de todo grande trabalho.

Chega um momento na vida de cada um em que o esforço sincero e honesto, desanimado, desencorajado e angustiado, diz: "De que adianta tudo isso? Por que tenho que suportar pobreza, tristeza, solidão e fracasso quando estou me esforçando tanto para ser bom, gentil, simpático, prestativo e justo? Por que não posso ter algumas das coisas boas que desejo? A luta por coisas morais realmente vale a pena, afinal?".

Essas são grandes questões; são os soluços da alma. E são muito difíceis de responder, mas algo dentro de nós, algo mais profundo que a razão, diz que vale a pena, que tem que ser assim e que devemos pisar com coragem rumo ao futuro e fazer o nosso melhor. A aparente facilidade e prosperidade daqueles que têm vidas ociosas e egoístas nunca devem nos desviar do caminho da verdade.

Se sabemos que estamos certos, não devemos nos importar com a multidão na hospedaria. Deve haver algo superior na vida às boas-vindas na hospedaria, à aprovação do mundo ou qualquer acúmulo de coisas materiais. Existe a consciência de um trabalho bem-feito, da lealdade inabalável a um ideal, da fidelidade às pequenas coisas, de vidas que se tornam mais doces, mais verdadeiras, melhores por nossa causa, de uma luz de amor nos olhos que fitam os nossos, tudo isso pode ser parte do glorioso florescer de nossos dias, muito maior para o nosso eu mais elevado do que qualquer recepção na hospedaria.

Bondade moral ou brilho espiritual não trazem sucesso mundano. O que o traz é um sistema de ética ilusório, mas popular. O exercício diário de todas as virtudes superiores, e manter os músculos morais em excelentes condições, não traz necessariamente riqueza e prosperidade. Se fosse assim, os santos do mundo seriam os milionários. Um estudo cuidadoso da classe mais rica não mostra que eles claramente portam halos. Em tal situação, isso colocaria o lado material como o ideal, a meta, o objetivo e o propósito da vida. Uma vida moral ou espiritualmente elevada seria apenas um meio, a moralidade seria apenas um investimento astuto, a prosperidade, um rendimento.

O TEMPO ESTÁ SEMPRE AO LADO DO CERTO E DA VERDADE. É O ALIADO DE TODO GRANDE TRABALHO.

Aquele que investe em moral motivado pelos cupons e

selos comerciais[4] do sucesso não é realmente moral, é apenas hipócrita. O sucesso empresarial resulta, de alguma forma, da obediência às leis específicas que fazem esse sucesso. Algumas delas são baseadas nas leis da moral, algumas correm paralelas a elas, outras atravessam a moral, mas elas não são idênticas. O anjo Gabriel provavelmente não seria capaz de ganhar o salário de um dia em Wall Street. Cristo não tinha "onde repousar a cabeça". A única razão para estar certo, fazer o certo e viver certo é ser certo.

A vida verdadeira traz paz à alma, fibra ao caráter, domínio sobre si mesmo, inspiração aos outros, mas não necessariamente dinheiro e prosperidade material. É claro que é agradável ter posses; poucas pessoas tentam evitá-las. Elas têm seu devido lugar no esquema da vida, mas não são supremas. Se fossem as coisas mais elevadas, os candidatos aos assentos preferenciais no céu poderiam ser selecionados puramente pelo saldo na conta bancária; eles seriam tirados sempre da hospedaria lotada, não da manjedoura solitária. Na hospedaria, eles perguntam: "Vai dar certo? É popular? É bem-sucedido?" Na manjedoura, eles perguntam: "Está certo? É verdade? É útil?"

A verdadeira vida consiste em viver o nosso melhor sem pensar em recompensas, fazendo o mais correto, de acordo com nossa visão, e encarando os resultados com calma, coragem e sem questionar. Significa viver para dar, não para receber,

4 Impressos de determinado valor dados pelas lojas aos clientes como prêmios para serem resgatados em mercadorias quando acumulados em certa quantidade.

pensando mais no que podemos projetar do que no que podemos absorver, mais no que somos do que no que temos.

A humanidade tem sonhos dourados com as coisas maravilhosas que faria se tivesse dinheiro, com a felicidade, a alegria, o conforto, a alegria e a paz que poderia levar a milhares. Mas a riqueza não pode comprar as coisas pelas quais o mundo mais anseia: amor, gentileza, calma, inspiração, paz, confiança, verdade e justiça. O maior presente que o indivíduo pode dar ao mundo é seu serviço pessoal. A manjedoura exemplificou o serviço pessoal consagrado à humanidade gratuitamente.

Toda grande verdade em todas as eras teve que lutar por reconhecimento. Se for real, a luta vale a pena. Da luta vem uma nova força para o vencedor. A grama pisoteada cresce mais verde. Dificuldades, provações, restrições e oposição significam vitalidade renovada para o caráter. É bom não ter vasos muito grandes para as plantas, pois, quanto mais cheias as raízes, mais a planta florescerá. Isso vale para a vida em um sentido mais amplo. O mundo sempre entendeu mal e lutou contra seus pensadores, líderes, reformistas, seus heróis.

A VERDADEIRA VIDA CONSISTE EM VIVER O NOSSO MELHOR SEM PENSAR EM RECOMPENSAS.

Devemos todos lutar por nossos ideais, pela verdade, pela individualidade, sem nunca calcular o custo, sem manter os ouvidos perto do chão buscando ouvir os tênues murmúrios de aprovação ou condenação da multidão egocêntrica na hospedaria.

Se acreditamos que estamos certos, de acordo com nossa luz mais elevada, se somos guiados por nosso mapa, por nossa bússola, se levamos uma carga verdadeira e vamos para o nosso porto, não devemos nos importar com o que o mundo diz. Que importância tem se o mundo considera mesquinharia a economia que fazemos com algum propósito altruísta conhecido apenas por nós, se considera que nossa lealdade a um ideal é loucura, que nossa decisão é o clímax do erro e que a alegria mais próxima e querida não passa de um sonho vazio?

No fim, o mundo sempre reconhece o ponto de vista do homem que está certo. A hospedaria finalmente encontra espaço para a verdade e para o certo quando eles se provam verdadeiros. A manjedoura e o caminho solitário são sempre justificados. É a rendição final à coroa da individualidade.

ENFRENTANDO OS ERROS DA VIDA

HÁ DUAS ÚNICAS CLASSES DE PESSOAS QUE NUNCA COMETEM erros: os mortos e os que não nasceram. Os erros são o acompanhamento inevitável do maior presente dado ao homem, a liberdade individual de ação. Se ele fosse apenas um peão nos dedos da Onipotência, sem nenhum poder de movimento próprio, o homem nunca cometeria um erro, mas isso o relegaria às fileiras dos animais inferiores e das plantas. Uma ostra nunca comete um erro, sua mente não permite que abandone um instinto.

Vamos nos alegrar com a dignidade do nosso privilégio de cometer erros, com a sabedoria que nos permite reconhecê-los, com o poder que nos permite acender sua luz para iluminar o caminho do nosso futuro.

Os erros são as dores de crescimento da sabedoria, os tributos que pagamos sobre nosso estoque de experiências, a matéria-prima do erro a ser transformado em uma vida mais elevada. Sem eles, não haveria crescimento individual, nem progresso, nem conquista. Os erros são os nós, os emaranhados, os fios quebrados, os pontos caídos na teia da nossa vida. Eles são os deslizes de julgamento, nossos investimentos insensatos em moral, o balanço de perdas e ganhos da sabedoria. São os desvios enganosos da estrada reta da verdade, e a verdade em nossa vida mais elevada não é mais que a precisão da alma.

A falibilidade humana, a fraqueza, a mesquinharia, a loucura e o pecado, todos são enganos. Eles devem ser aceitos como parcelas do erro, pagas por uma vida mais sábia. Nunca devem ser tomados como justificativa para a falência do esforço. Mesmo um grande erro é apenas um episódio, nunca uma vida inteira.

A vida é simplesmente um tempo dado ao homem para aprender a viver. Erros são sempre parte do aprendizado. A verdadeira dignidade consiste em cultivar uma boa atitude em relação aos próprios erros e aos dos outros. É a boa tolerância de uma alma boa. O homem se torna grande não por nunca cometer erros, mas por lucrar com aqueles que comete; por se contentar com uma única execução de um erro, não o repetindo em

OS ERROS SÃO AS DORES DE CRESCIMENTO DA SABEDORIA, OS TRIBUTOS QUE PAGAMOS SOBRE NOSSO ESTOQUE DE EXPERIÊNCIAS.

uma performance contínua; por obter dele o mel de uma inspiração nova e regeneradora sem nenhum ardor irritante de arrependimento mórbido; por construir melhor o hoje por causa de seu ontem insatisfatório; e por se levantar com força renovada, propósito mais refinado e coragem revigorada toda vez que cai.

Nas grandes fábricas de correntes, máquinas poderosas são construídas especialmente para testar essas correntes, fazê-las falhar, mostrar sua fraqueza, revelar os erros de fabricação. Agradeçamos a Deus quando um erro nos mostra o elo fraco na corrente de nossa vida. É uma nova revelação de como viver. Significa o rico sangue vermelho de uma nova inspiração.

Se cometemos um erro, fizemos algo errado, fomos injustos com alguém ou nós mesmos, ou, como o fariseu, deixamos passar alguma oportunidade de fazer o bem, devemos ter a coragem de encarar o erro de frente, chamá-lo corajosamente pelo nome correto, reconhecê-lo francamente, e não adotar nenhum álibi frágil como desculpa para "proteger uma autoestima anêmica".

Se fomos egoístas, o altruísmo deve ser a expiação; se fizemos algo errado, devemos corrigir; se machucamos, devemos curar; se tomamos algo injustamente, devemos devolver; se fomos injustos, devemos nos tornar justos. O arrependimento sem regeneração é o falso ouro emocional. Toda reparação possível deve ser feita. Se a confissão do arrependimento pelo erro e por nossa incapacidade de corrigi-lo for o máximo que podemos fazer, façamos pelo menos isso. Uma compensação rápida às vezes quase apaga a memória. Se deixamos o orgulho tolo entrar em nosso caminho, estamos agravando o primeiro erro ao cometer um novo. Os erros de algumas pessoas nunca nascem sozinhos, eles vêm em ninhadas.

Aqueles que despertam para a percepção de seu erro semanas, meses ou anos depois, às vezes sentem que é melhor deixar a confissão ou a reparação de lado, que é tarde demais para reabrir uma conta encerrada, mas os homens raramente se sentem feridos se forem chamados a aceitar o pagamento de uma nota promissória antiga, atrasada em anos.

O HOMEM SE TORNA GRANDE NÃO POR NUNCA COMETER ERROS, MAS POR LUCRAR COM AQUELES QUE COMETE.

Algumas pessoas gostam de vagar no cemitério de seus erros passados, reler os velhos epitáfios e passar horas em luto sobre o túmulo de um deles. Esse novo erro não é antídoto para o antigo. O remorso que paralisa a esperança, corrói o propósito e amortece a energia não é saúde moral, é uma indigestão da alma que não consegue digerir um ato. É uma rendição egoísta e covarde ao domínio do passado. É um movimento desperdiçado; não faz bem ao indivíduo, aos feridos, aos outros ou ao mundo. Se o passado for indigno, viva-o; se for digno, viva de acordo com ele e siga em frente.

A Onipotência não pode mudar o passado, então, por que tentar? Nosso dever é usar esse passado para vitalizar nosso futuro com nova coragem e propósito, tornando-o maior, melhor do que seria possível sem o passado que tanto nos afligiu. Se pudermos obter de nossos erros rendimentos reais, bons e apetitosos, no final eles não serão perdas, mas investimentos sábios. São como velhas ações de mineração, deixadas de lado em uma gaveta da memória do nosso otimismo e que agora, por alguma mudança repentina no mercado da especulação, passam a ter valor real.

Perceber erros é bom; realizar a partir deles é melhor. Quando um capitão descobre que seu navio está fora do curso, levado, por negligência, por ventos adversos ou pelo encontro com densa neblina, ele não perde tempo lamentando seu erro, mas, ao primeiro raio de sol, toma novos rumos, muda o curso e dirige bravamente em direção ao seu porto com coragem renovada para recuperar o tempo perdido. O erro significa mais cuidado e maior velocidade.

Pensar muito nos sonhos da juventude, nas esperanças douradas que não desabrocharam em atos é uma dissipação mental perigosa. Em doses muito pequenas, pode estimular; em doses grandes, enfraquece o esforço. Enfatiza demais o passado às custas do presente; acrescenta pesos, não asas, ao propósito. "Poderia ter sido" é a canção de ninar do arrependimento com a qual o homem muitas vezes faz dormir a coragem e a confiança que deveriam inspirá-lo. Não precisamos de narcóticos na vida, precisamos de tônicos. Às vezes, podemos fazer uma tentativa triste e especulativa de reconstruir nossa vida a partir de alguma data do passado em que poderíamos ter seguido um curso diferente. Construímos sobre um "se" morto. Esse é o tipo mais insensato de castelo de areia.

Recuamos na memória para alguma bifurcação na estrada na vida e pensamos no que teria acontecido e quanto teria sido melhor se tivéssemos escolhido o outro lado. "Se tivéssemos aprendido algum outro ofício"; "se tivéssemos ido para o Oeste em 1884"[5]; "se tivéssemos nos casado com a outra"; "se tivéssemos comprado ações de telefonia quando custavam 35"; "se tivéssemos feito um curso diferente"; "se ao menos tivéssemos gasto uma determinada quantia de alguma outra forma", e assim seguimos inutilmente essa linha vazia de pensamento sobre essas hipóteses escorregadias, essas condições, esse "se".

A VERDADEIRA DIGNIDADE CONSISTE EM CULTIVAR UMA BOA ATITUDE EM RELAÇÃO AOS PRÓPRIOS ERROS E AOS DOS OUTROS.

Mesmo que essas escolhas pudessem ter sido mais sábias, e não sabemos realmente se seriam, agora é tão impossível voltar a elas quanto é impossível para a raça humana voltar à

5 A "marcha para o oeste" foi um fenômeno histórico importante nos EUA, que se caracterizou pela expansão territorial e pela migração de pessoas para o oeste do país.

porção original de protoplasma[6] da qual a ciência afirma que evoluímos. Não podemos mudar o passado; apenas o presente está em nossas mãos, para que façamos dele o que quisermos. O presente é matéria-prima; o passado é produto acabado, e acabado para sempre, para o bem ou para o mal. Nenhum arrependimento jamais nos permitirá revivê-lo.

A outra estrada sempre parece atraente. Velas distantes são sempre brancas; colinas distantes, sempre verdes. No entanto, talvez tivesse sido a estrada mais pobre se nossa imaginação pudesse ter uma visão perfeita da concretização de sua possibilidade. A outra estrada poderia ter significado riqueza, mas menos felicidade; a fama poderia ter encantado nossos ouvidos com sua doce música, mas a pequena mão do amor que repousa tão confiantemente em nós poderia nos ter sido negada. A própria morte poderia ter chegado mais cedo para nós, ou interrompido as batidas de um coração que consideramos mais importante que o nosso. Nada pode revelar o que a outra estrada poderia ter significado; nenhuma Onipotência poderia nos capacitar agora a percorrê-la, mesmo se desejássemos.

Não podemos reviver nossos velhos erros, mas podemos transformá-los em vacina para imunidade futura contra a loucura que os causou. Se fomos impacientes ontem, isso deve nos inspirar a sermos pacientes hoje. A raiva de ontem pode ser a semente da doçura de hoje. A gentileza de hoje deve ser a forma que assumiu nosso arrependimento pela crueldade de ontem.

6 Nome antigo de uma substância viva, parte de uma célula.

A injustiça com alguém pode abrir nossos olhos para a possibilidade de maior justiça para centenas de pessoas. A injustiça com alguém que pode parecer ter custado muito caro pode, no final das contas, realmente ter custado pouco se nos tornar mais gentis, ternos e atenciosos por longos anos.

É maior o erro no propósito, na meta ou no princípio, do que o erro no método para alcançá-los. O método pode ser facilmente modificado; mudar o propósito pode perturbar todo o nosso plano de vida. É mais fácil variar o curso do navio no meio do oceano do que mudar a carga.

Princípios corretos são vitais e primários. Trazem o máximo de lucro a partir dos erros e reduzem a perda ao mínimo. O falso orgulho perpetua nossos erros, nos impede de confessá-los, repará-los e interrompê-los.

A atitude do homem em relação a seus erros é variada e individual; alguns não os veem; alguns não os verão; alguns os veem sem promover mudança; alguns os veem e os deploram, mas os mantêm; alguns cometem repetidamente os mesmos erros em princípio, não na forma; alguns culpam os outros pelos próprios erros; alguns condenam os outros por erros aparentemente inconscientes

NÃO PODEMOS MUDAR O PASSADO; APENAS O PRESENTE ESTÁ EM NOSSAS MÃOS, PARA QUE FAÇAMOS DELE O QUE QUISERMOS.

enquanto eles mesmos cometem erros semelhantes; alguns desculpam os próprios erros dizendo que os outros fazem as mesmas coisas, como se uma doença fosse menos perigosa quando se torna uma epidemia na comunidade.

O fracasso não implica necessariamente um erro. Se mantivemos nosso padrão alto, lutamos corajosamente a boa luta pelo correto, enfrentamos forte oposição com bravura e finalmente vimos a fortaleza de nossa grande esperança tomada por força superior, por condições avassaladoras, ou minada e abalada por ciúme, inveja ou traição, encontramos o fracasso, é verdade, mas não cometemos um erro.

O mundo pode nos condenar por esse fracasso. O que sabe sobre isso o mundo tolo, balbuciante e desatento, que não viu nossos esforços heroicos? Que importância tem o que o mundo pensa ou diz, se sabemos que fizemos o melhor possível? Às vezes, os homens falham com nobreza porque têm a coragem de renunciar a um triunfo que lhe custaria o caráter, a honra, a verdade e a justiça.

Nunca aceitemos os erros como definitivos; organizemos a vitória a partir das fileiras quebradas do fracasso e, apesar de todas as probabilidades, lutemos com calma, coragem, firmeza, serenidade e confiança de que, no final, a vida correta e a ação correta devem triunfar.

AS ESCULTURAS DA SOCIEDADE

Sobre a porta grandiosa de um dos arranha-céus comerciais de Nova York há três colossais esculturas agachadas. De cabeça baixa, expressão tensa e músculos retesados como cordas de chicote, parecem segurar sobre os ombros largos o peso terrível de vinte ou mais andares de alvenaria sólida. Na verdade, são só farsas pomposas. Só têm a pose hercúlea. Só têm a encenação do cansaço, não sua realidade. Foram colocadas ali depois que o edifício estava pronto; poderiam ser removidas sem colocar em risco a segurança do prédio. Elas não têm mais responsabilidade real do que uma mosca errante que se demora por um momento no mastro da bandeira no telhado.

Hoje existem milhares dessas esculturas na sociedade. São homens cujos poderes se mostram em gramas, mas cuja pretensão é proclamada em toneladas. São aqueles que prometem voar mais alto que as águias, mas cujo desempenho é inferior ao das aves dos pântanos. Estão interpretando o tempo todo, física, mental, moral, social ou espiritualmente. Ao fazer malabarismos para justificar sua vaidade e egoísmo, o homem pode iludir a própria consciência e os outros por um tempo, mas geralmente enganam apenas a si mesmos. O mais comum é que sejam como o bobo da aldeia que pensava tocar órgão, quando apenas bombeava o fole.

Certas esculturas bastante inofensivas assumem a pose de "extremamente ocupadas". Buscam constantemente se elevar a uma relevância conspícua pelo guindaste da própria presunção. Parecem ter tanto a fazer, que é de se pensar que, se cada dia tivesse duas semanas de comprimento e três semanas de largura, ainda seria pouco para acomodar suas obrigações. Suas tarefas são tão "terrivelmente numerosas" que, se você fosse otimista o suficiente para aceitar suas declarações como certas, perceberia que essas tarefas nunca poderiam ser realizadas por nenhum indivíduo, certamente exigiriam uma associação de trabalhadores.

Elas pertencem a uma categoria que, se receber três cartas por dia, dirá que está "simplesmente soterrada pela correspondência". Seus compromissos sociais são "positivamente cansativos" e, ao ouvir a lista de seus amigos na sociedade, o instinto comercial faz com que você imagine como seria um esplêndido catálogo da elite se fosse impresso. Seus problemas com os criados parecem tão grandes, que você se pergunta por que não demitem nove ou mais deles e continuam se preocupando com o restante. Elas usam um vocabulário de setenta cavalos de potência para expressar pensamentos de bicicleta. Elas andam por aí polindo suas próprias imagens.

Outra dessas esculturas apresenta-se como um Atlas intelectual sustentando todo o firmamento do pensamento, pois um mundo só é fácil demais. Ignorância e imprudência sempre colaboram com sua iconoclastia, destruindo a reputação literária com a facilidade de um atirador de elite ao acertar bolas de vidro. Ela confidencia a você que Shakespeare é muito superestimado, Thackeray era apenas um cínico, Scott é um velho romancista tagarela, George Eliot, um boneco de serragem, Dickens um repórter tedioso. Todos os maiores dramaturgos, romancistas, poetas, filósofos e pensadores do mundo são, um a um, inevitavelmente reduzidos a nada.

> **AO FAZER MALABARISMOS PARA JUSTIFICAR SUA VAIDADE E EGOÍSMO, O HOMEM PODE ILUDIR A PRÓPRIA CONSCIÊNCIA E OS OUTROS, MAS GERALMENTE ENGANAM APENAS A SI MESMOS.**

Há uma escultura que fala como se pronunciasse a última e definitiva palavra sobre ciência e pensamento superior. Para ela, os problemas que têm confundido os sábios são tão claros quanto uma luz elétrica em uma rua escura. Embora tenha lido, talvez, parte de um volume de Spencer, Tyndall, Huxley ou Darwin, ela irrompe como um pretensioso Vesúvio de conhecimento sobre evolução. São nuvens espessas de fumaça de meras palavras e respingos de uma luz confusa. Ela conhece cada ponto fraco na teologia e, onde não consegue encontrar um furo, ela cria um. Parece acreditar que poderia lidar com problemas do peso de uma bala de canhão com a leveza com que trataria de balas de borracha. A ignorância sobre muitas dessas grandes questões é justificável e natural para nós, que não somos oniscientes. Não é preciso oferecer desculpas, porque alguém pode estar pensando honestamente em outros assuntos mais próximos e mais caros à sua vida. O erro e a loucura estão apenas na pose e na pretensão.

Existem outras esculturas mais tristes de se pensar, mais sérias de se contemplar, mais destruidoras para a vida dos outros. São aquelas que arriscam a coroa de sua individualidade por uma pose moral ou religiosa, uma combinação de farisaísmo, orgulho, política e pretensão. Elas podem ocupar posições elevadas, mas, como estátuas em catedrais, apesar da atmosfera religiosa e do ambiente em que existem, permanecem apenas pedra.

Para ter algum valor, a religião deve transformar, adoçar e melhorar vidas, ou é apenas uma fórmula autoenganosa. Deve ser um ímpeto vivo, fazer o indivíduo suportar com coragem os próprios fardos; deve alargar seus ombros para suportar o peso das necessidades dos outros; deve torná-los ativos, viris, agressivos, poderes inspiradores no mundo. Para realmente valer a pena, a religião deve encher os corações dos homens com amor, verdade, direito, justiça, doçura, honestidade, fé, caridade, confiança e paz. Essas virtudes não podem permanecer escondidas do mundo ao seu redor mais do que o sol escaldante no auge do meio-dia.

A RELIGIÃO DEVE TRANSFORMAR, ADOÇAR E MELHORAR VIDAS. DEVE SER UM ÍMPETO VIVO, FAZER O INDIVÍDUO SUPORTAR COM CORAGEM OS PRÓPRIOS FARDOS.

Existem figuras religiosas esculpidas em pura hipocrisia, negociando conscientemente com base em seu status na igreja. Estas podem enganar o mundo sem vendar os próprios olhos nem por um momento. Existe uma forma mais sutil, em que o indivíduo não percebe que é apenas um servo vigiado, que seu serviço é só da boca para fora. Ele não percebe que não está transformando aquilo em que acredita em uma força moral dinâmica que afeta sua vida e a vida dos outros.

Existem esculturas de amizade que podem nos enganar por um tempo. A descoberta pode tirar de nós, tudo o que temos de melhor, diminuir nossa fé na humanidade e nos deixar solitários, até enterrarmos o cadáver da amizade e aprendermos a esquecer.

Há amizades em cuja certeza apostamos a vida. Sentimos que, embora os ventos da adversidade possam soprar sombrios à nossa volta, os navios de nossas maiores esperanças naufragam no momento em que acreditamos que eles estão quase no porto de retorno; a noite de nosso grande infortúnio desce sobre nós sem uma estrela sequer; a taça de tristeza, vergonha e sofrimento pode ser aproximada de nossos lábios, e, ainda assim, apesar de tudo que pode acontecer, sempre haverá este verdadeiro amigo ao nosso lado.

Podemos ter compartilhado sua cota de provações e decepções com alegria no coração, de certa forma, por termos o privilégio de assim ser úteis a ele. Podemos ter ouvido de maneira incansável sua ladainha interminável sobre alguma tristeza, acalmando-o, consolando-o com ternura, confortando-o em silêncio e de maneira solidária, sem pensar em nós mesmos. Podemos ter deixado em segredo o leito de morte de alguma grande esperança, abafado nossos soluços com coragem para que ele não os percebesse e nos sentado com serena paciência à beira do leito de alguma dor sua, ou para ajudá-lo na ressurreição de alguma esperança do túmulo de sua tristeza ou de seu fracasso.

Tudo que era nosso, todos os recursos de toda nossa vida eram mais dele do que nossos, porque sua necessidade nos estimularia a um esforço em seu favor maior do que o que faríamos em nosso próprio benefício. Ele pode ter protestado gratidão eterna, nos dito livremente, repetidamente, que nenhuma demanda ou necessidade nossa seria sequer uma gota para a fonte sempre transbordante de sua gratidão.

Então, quando o dedo do tempo se move de dias para semanas e meses, o anjo de uma grande dor pode bater à porta do nosso coração, e somos forçados a abrir e deixar o anjo da tristeza entrar. Na terrível desolação e solidão que entorpecem a alma, podemos nos virar confiantes de encontrar olhos receptivos buscando inspiração nos nossos; involuntariamente, aguçamos o ouvido para ouvir palavras de coragem dos lábios da única pessoa em todo o mundo que poderia nos confortar ou consolar. Estendemos, por algum instinto sutil, a mão da nossa dor esperando que ela seja calorosamente segura, mas, em vez disso, tocamos apenas os contornos frios, duros e torneados de uma escultura.

EXISTEM ESCULTURAS DE AMIZADE QUE PODEM NOS ENGANAR POR UM TEMPO. A DESCOBERTA PODE TIRAR DE NÓS, TUDO O QUE TEMOS DE MELHOR, DIMINUIR NOSSA FÉ NA HUMANIDADE E NOS DEIXAR SOLITÁRIOS.

Então percebemos a amplitude de um dos clamores mais patéticos de toda a história do mundo, quando Cristo no jardim do Getsêmani, em sublime fome do coração, em divino protesto da alma, interrompeu o sono de Pedro com as palavras: "Nem por uma hora pudestes vigiar comigo?" Enfrentamos sozinhos uma nova tragédia da alma. A escultura pode nunca perceber o que fez.

O esforço real e honesto, por menores que pareçam os resultados, por mais lento que o esforço pareça, não dispõe de tempo para mera ostentação. Seus motivos elevados que o inspiram são amor, honra, verdade, justiça ou aqueles outros que lideram as fileiras de seu mais alto propósito. A brilhante percepção de que seu trabalho é sério o inspira. O esforço consagrado a ascender às alturas de sua natureza mais elevada lhe dá uma importância real que supera trivialidades.

A verdadeira importância é sempre simples. Os grandes deveres, cuidados e responsabilidades daqueles que buscam fazer grandes coisas dão a eles dignidade e facilidade naturais. Eles têm a graça simples dos carregadores de fardos da Índia, que carregam pesos enormes sobre a cabeça e, ao carregá-los, aprendem a sustentá-los eretos, com passos destemidos. Não há neles nenhum traço de encenação do extenuante. Homens de esforço sério pensam demais em seu trabalho para pensar muito neles mesmos. O grande interesse, o entusiasmo e a absorção deles em seu mundo de belas realizações encobrem toda a pequenez. Eles estão vivendo sua vida, não desempenhando um papel. Estão queimando incenso no santuário de um grande propósito, não para a própria vaidade. Eles sempre têm equilíbrio, não pose.

AS FOMES DA VIDA

A FOME É A VOZ DE UM VAZIO. É A NATUREZA EXIGINDO SEUS direitos. É o grito insistente e inquieto de um instinto clamando para ser satisfeito. Existem quatro grandes fomes na vida: fome do corpo, fome da mente, fome do coração e fome da alma. Todas são reais; todas precisam ser reconhecidas; todas precisam ser alimentadas.

A reivindicação de um corpo faminto tem prioridade sobre todas as outras necessidades. Não requer credenciais, argumentos, advogados. Tem prioridade sobre a solidariedade e a ajuda da humanidade. Mas a fome por comida, embora seja a mais irreprimível, a mais imediatamente convincente, não tem monopólio sobre as fomes da vida. Na verdade, no mundo de hoje há mais pessoas famintas por amor do que por pão. Há mais fome do coração que fome do corpo, mais anseio insatisfeito por solidariedade, afeição, companheirismo, gentileza e reconhecimento do que por comida.

Essas fomes não são uma invenção moderna. Elas são tão antigas quanto a história. Começaram no Jardim do Éden. Quando a fome física de Adão foi reconhecida e grandes estoques de produtos agrícolas o protegeram contra a desnutrição, a fome do coração foi apaziguada por uma esposa. Então a fome mental desse primeiro casal foi provocada sob o pretexto de que eles deveriam saber a diferença entre o bem e o mal. Havia uma fome de alma ainda a ser satisfeita. Eles tinham a promessa de que seriam "como deuses". Não havia mal nas quatro fomes, mas apenas duas delas foram despertadas por mentira e traição. Os bens errados foram entregues, só isso.

Temos essas quatro fomes porque somos humanos, porque somos superiores aos animais. Essas fomes são aspirações e existem para serem satisfeitas. Elas significam a verdadeira expressão do homem, não uma falsa repressão. A vida é uma batalha contínua por nossas fomes.

Viver de verdade significa perceber as fomes reais dos outros e nossas e buscar satisfazê-las. Viver de mentira significa satisfazer em vão apetites mórbidos adquiridos. No Dia de Ação de Graças e na época do Natal, a taça de nossa gratidão e gentileza transborda especialmente para os outros. Vamos, nesse momento e em todos os outros, perceber que alimentar os famintos de corpo é simplesmente um dever inicial. É um primeiro privilégio da fraternidade humana, suficiente como ponto de partida, mas não como uma história completa.

Vamos dar aos outros não apenas o que temos, mas o que somos. Vamos alimentar suas fomes mais elevadas, não em dias e ocasiões definidos, mas em anos ininterruptos. Façamos com que esse espírito — como um perfume de inspiração persistente e penetrante — adoce sempre a nossa própria vida e a dos outros.

NO MUNDO DE HOJE HÁ MAIS PESSOAS FAMINTAS POR AMOR DO QUE POR PÃO. HÁ MAIS FOME DO CORAÇÃO DO QUE FOME DO CORPO.

A fome mental é um desejo por alimento intelectual. Pode ser um desejo insaciável por educação. Pode se revelar em uma paixão por livros, em garantir algumas prateleiras deles para si. Pode significar a alegria da posse não de livros comuns, mas daqueles volumes selecionados que representam amigos silenciosos falando sempre de inspiração aos olhos, em vez de aos ouvidos. É isso que transforma um pacote de revistas ou livros velhos em um tesouro em algum lar solitário, depois que eles deixaram de ser úteis em outro lugar.

Essa fome mental pode ser aguçada e ávida por boa música, cuja audição seria um estímulo na hora e mais tarde uma lembrança dourada; enquanto para muitos dos donos da caixa de som ela é apenas um dever social, um pouco de pose e algo sobre o que conversar. A mente faminta pode desejar o privilégio de ouvir um certo palestrante, ou, às vezes, há uma onda de desejo de falar com liberdade, de maneira completa e franca com alguém que parece viver nas alturas intelectuais e se alimentar de suas palavras, que, se realmente ofertadas pessoalmente, na forma de conselho ou inspiração estimulantes, trariam alegria real. Essas são apenas sugestões da fome da mente por coisas de que ela precisa e pelas quais anseia.

A grande fome do coração da humanidade é a solidão; a percepção do coração de que ninguém é autossuficiente, ninguém é completo sozinho. É sempre o anseio inquieto, de alguma forma, pelo maior presente de Deus ao homem, o amor. Nós o buscamos sempre, de maneira consciente ou inconsciente, como as grandes raízes retorcidas das árvores, guiadas por algum instinto divino, sempre se estendem na busca constante pela água, que significa vida. As fomes por amigos, solidariedade, reconhecimento, confiança e companheirismo são simplesmente fases, graus ou tendências da fome pelo melhor amor humano, o amor de um só apenas por nós.

Em uma grande cidade, há inúmeros milhares de homens e mulheres vivendo na solidão, famintos pelo afeto a que sentem ter direito. Não é o fardo do trabalho diário, a pequenez da recompensa, a rotina monótona de deveres corriqueiros que os deixam cansados, mas aquela sensação entorpecente de solidão que às vezes varre a alma como uma maré poderosa e submerge todos os pensamentos, exceto a fome por afeto.

Eles sentem fome por alguém a quem possam contar os pequenos incidentes que compõem seus dias, alguém que se interesse de verdade, alguém com quem compartilhar as pequenas alegrias e tristezas, alguém para suavizar as linhas de cuidado e preocupação, alguém cujos olhos brilhem à sua aproximação, alguém para quem sejam necessários, alguém que encherá seu céu com o sol do amor e o brilho da confiança e da segurança. Eles querem alguém com quem viver, alguém para trabalhar, alguém que precise deles.

A FOME MENTAL É UM DESEJO POR ALIMENTO INTELECTUAL.

Nem sempre isso é formulado de maneira clara ou mesmo compreendido com clareza, pois o sentimento do coração muitas vezes está além da capacidade de expressão. Pode ser apenas uma vaga e inquieta insatisfação, mas todas as energias e emoções do coração se arrastam silenciosamente em uma direção como rios e, sem saber por que, buscam o oceano. E com essa fome do coração satisfeita, a mão mágica do tempo parece ter mudado repentinamente toda a perspectiva da vida. Os contornos ásperos das preocupações e problemas são suavizados e transformados enquanto a lua lança uma gloriosa luz prateada de interpretação até mesmo sobre as cenas mais prosaicas.

Quando essa fome do coração não é saciada, podemos usar artifícios que entorpecem a dor, mas não a removem. Fazemos mil coisinhas para matar o tempo que pesa em nossas mãos, mas isso não é viver de verdade. É o embotamento da emoção drogada que nos afasta do nosso melhor. Não traz paz verdadeira; é apenas entorpecimento. A verdadeira paz vem de encontrar a si mesmo; o esquecimento temporário, de perder a si mesmo.

Essa fome do coração é tão real que não se limita àqueles que vivem em solidão real. Ela está em lares em que há a aparência de companheirismo real, mas não sua realidade, sua anatomia fria e nua, não sua alma viva, pulsante e vitalizante.

Há um paradoxo divino em alimentar os famintos de coração. À medida que buscamos apaziguar a fome do coração do outro, a nossa diminui. O alimento se multiplica com o uso, como na alimentação milagrosa dos quatro mil no sermão no deserto, quando o que sobrou depois que todos foram alimentados foi mais do que o suprimento original.

Façamos com que os outros esqueçam sua fome de coração com gentileza, consideração, simpatia, companheirismo e afeição, que podemos dar a eles. Esqueçamos nossa própria fome do coração ao alimentar os outros, mesmo que não possamos silenciar a nossa de nenhuma outra forma. Ninguém está em posição tão humilde que não possa ajudar dessa forma.

Há momentos na vida de todos quando, fracos e desgastados pela luta, a maré vazante da esperança parece levar consigo toda inspiração, todo impulso, todo incentivo. Na noite mais escura de uma grande perda, uma dor paralisante ou uma tristeza surda, parecemos perder o rumo da vida e mãos fracas e trêmulas seguram a bússola inútil do nosso propósito. Não vemos razão alguma para viver e a vida não parece valer a pena. Nessa hora, palavras gentis de conforto, coragem e companheirismo, palavras que se originam brilhando da própria alma do outro, não de lugares-comuns vazios e baratos que transbordam de maneira leviana da boca, chegam como alimento vivo para o coração faminto.

A GRANDE FOME DO CORAÇÃO DA HUMANIDADE É A SOLIDÃO.

Quando as provações da vida individual parecem difíceis de suportar e os fracassos de nossos maiores esforços nos tentam a derrubar os altares de nossos ideais, quando tudo que considerávamos mais elevado e melhor parece ilusão vazia, sentimos essa fome por um amigo amoroso, um conselheiro, um guia. Queremos o olhar fresco e gentil de quem realmente se interessa por olhar para os nossos problemas, nos ajudar a recuperar a fé na humanidade, a crença em nós mesmos, a confiança na certeza do triunfo final do certo, do amor, da justiça e da verdade.

Para alimentar o coração faminto, devemos oferecer os pontos positivos de nossa vida, não as negações. Devemos dar nossa força, não nossa fraqueza; nossas certezas, não nossos medos; nossas decisões firmes, não nossos dilemas não resolvidos.

Se transformássemos "alimentar os famintos" de uma mera frase em um impulso vital que encontra expressão em cada dia de vida, traríamos o próprio espírito do milênio[7] para o círculo em expansão de nossa vida e influência individuais.

7 Referência à segunda vinda de Cristo, conforme doutrina da Igreja de Jesus Cristo dos Santos dos Últimos Dias, da qual William George Jordan era membro.

Perceberíamos que essas fomes são reais e foram dadas ao homem para serem saciadas. Elas não devem ser confundidas com meros apetites mórbidos, fomes forjadas, criadas pelo homem nas horas ociosas de sua loucura. Estas devem ser aniquiladas, submetidas pela escassez do alimento, dominadas, superadas, vencidas pelo indivíduo fiel a seu reinado sobre si mesmo.

A fome da alma tem suas fases infinitas, assim como a fome do coração. A fome da alma é o desejo insaciável do homem de conhecer a verdade da vida agora e da vida após a morte. A fome da alma existe no homem desde o início dos tempos. Todas as religiões do mundo são simplesmente sistemas para alimentar essa fome espiritual. A fome é a consciência da incompletude. A crença na imortalidade, em outro mundo, em uma nova vida, tudo é simplesmente a última grande fome da alma.

JOGANDO FORA NOSSA FELICIDADE

Se, no deserto, um viajante solitário e irado protestasse contra as dificuldades da jornada, cortando com a faca sua bolsa de pele de cabra, deixando a areia quente beber a água, que significa saúde, força, a própria vida, isso pareceria suprema loucura.

Se um marinheiro naufragado escorregasse voluntariamente de sua rude jangada de tábuas no meio do oceano e a empurrasse para longe, por desgosto de não ser um barco finamente estofado e, abandonando-a, confiasse a própria vida apenas aos poderes dos ventos, das ondas e da escuridão, seria o desprezo pela misericórdia.

Se víssemos um homem enrolar preguiçosamente uma nota de cem dólares em uma vareta, riscar um fósforo e observar os fragmentos carbonizados caírem no chão como um memorial morto à inutilidade, nos lembraríamos disso por toda a vida. Contaríamos a história muitas vezes nos anos seguintes. Falaríamos muito sobre o desperdício, a loucura, as grandes possibilidades de bem e utilidade sacrificadas à vaidade e ao vandalismo.

Em nossa vida cotidiana, há inúmeros casos de felicidade jogada fora de maneira tola por uma bobagem — talvez apenas pela insignificante gratificação de um momento. Parece mais irremediavelmente imperdoável do que jogar fora uma pérola e salvar a concha da ostra, vazia e inútil, que guardava o tesouro.

Nossa felicidade raramente morre de morte natural. Nós a matamos com as próprias mãos, ou outros a matam para nós. A menor coisinha pode mantê-la viva, a menor ninharia pode matá-la e, mesmo assim, de maneira egoísta e cega, ainda somos o centro de nossa própria felicidade ou da dos outros. Podemos até jogar com irreverência toda a culpa no esquema do universo quando somos os únicos culpados.

A felicidade não consiste no que temos, mas no que somos; não em nossas posses, mas em nossa atitude em relação a elas. É a serenidade da alma na presença de uma alegria presente. Não é absoluta, dependente de certas condições fixas; é relativa. O que seria um jejum para um pode ser um banquete para outro. A felicidade nem sempre requer sucesso, prosperidade ou realização. Muitas vezes é a alegria da luta esperançosa, consagração de propósito e energia para algum propósito bom. A verdadeira felicidade encontra suas raízes no altruísmo e floresce por meio de algum tipo de amor. Nós fazemos ou estragamos nossa felicidade e a dos outros em um grau maior do que estamos dispostos a admitir. É mais fácil se passar por vítima das circunstâncias do que provar que somos vitoriosos.

A FELICIDADE NÃO CONSITE NO QUE TEMOS, MAS NO QUE SOMOS.

A alma da nossa felicidade pode ser amor. Esse amor pode ser muito bom, grande e simples e preencher tanto nossa vida, que não deixa espaço para a dor, como a luz afasta a escuridão. Com seu toque de Midas[8], pode transformar até provações e problemas no ouro da ternura, da força e do consolo. Pode ficar sempre entre nós e o mundo, como um baluarte mantém o mar afastado. Pode se tornar um anjo de esperança, segurando nossa mão com delicadeza quando as nuvens estão baixas, nos sustentando quando o caminho da vida parece difícil.

Esse amor honesto pode sempre confiar em nós; perdoar e esquecer pode ser sua atmosfera. Pode nos inspirar, nos recriar, nos dar asas quando estamos abatidos, ser um novo escudo para a fé e uma fonte de energia. Podemos ter essa grande felicidade firme em nossas mãos, mas por uma bobagem a jogamos fora, ou a deixamos escapar pouco a pouco — como pérolas caindo, uma a uma, silenciosas e despercebidas, de um colar quebrado.

Deixamos que alguma mesquinhez, alguma fraqueza que deveríamos dominar com autocontrole nos engane e leve nossa felicidade. Mantivemos migalhas de satisfação momentânea tão perto de nossos olhos que encobrimos o sol de nossa felicidade. Um ciúme tolo que amorteceu nossos ouvidos para

8 No contexto da mitologia grega, é o nome de um rei da Frígia, conhecido por transformar tudo em ouro com seu toque.

explicações, fechou nossos olhos para a verdade e silenciou nossa língua quando ela dizia as palavras de confiança que mal podíamos conter, deixamos esse ciúme, esse julgamento precipitado, expressão não de amor verdadeiro, mas de orgulho ferido, engolir nossa felicidade como o oceano engole um navio cheio de tesouros.

A VERDADEIRA FELICIDADE ENCONTRA SUAS RAÍZES NO ALTRUÍSMO.

Podemos deixar que fofocas, falsa simpatia, conselhos tolos de quem que não sabe absolutamente nada sobre nossa situação real nos afastem do amor e da fé, provoquem dúvidas e suspeitas e sufoquem a confiança como se fossem vapores de algum gás nocivo. Podemos permitir que alguma loucura, consequência de uma interpretação errônea, nos engane e leve nossa felicidade como alguém que ignora o significado de uma ação.

E, quando tudo acabar, podemos não ter a coragem moral de voltar atrás, como deveríamos. Quando mais tarde a consciência guardar em uma hora amarga de reconhecimento e solidão seu triste obituário da felicidade morta, saber que matamos um amor de que precisávamos e que precisava de nós por uma coisa pequena nos trará amargor.

A amizade que significava muito para nossa felicidade, que era descanso, refúgio e alegria, pode ser jogada fora devido a uma bobagem. Amigos, amigos de verdade, são raros na vida. Não podemos ter muitos deles. Eles não aparecem em cachos como bananas. Amizades nunca são encontradas prontas. Elas são formadas quando enfrentamos juntos os mesmos vendavais do destino, suportamos juntos o calor do conflito, temos afinidades de mente e coração, interesse em um ideal comum, entendimento básico, dependência mútua, respeito e lealdade que se fortalecem conforme a necessidade aumenta. Podemos ter muitos conhecidos, mas tais conhecidos são apenas as uvas da possibilidade das quais o rico vinho da amizade é envelhecido e amadurecido.

Geralmente, amigos são necessários para a felicidade. Robinson Crusoé dificilmente poderia ter sido realmente feliz em seu isolamento, por mais que tivesse mantido o otimismo respirando por meio de frequentes aplicações de oxigênio no tanque de sua filosofia. Nem o amor satisfaz por muito tempo, a menos que haja nele amizade e companheirismo reais. O amor é, na verdade, apenas uma qualidade suprema e única de amizade aperfeiçoada. Mas podemos jogar fora esse elemento da felicidade em um clima de egoísmo ou cegueira.

Pelo prazer vazio de uma provocação inteligente e cortante, podemos dar uma alfinetada que pode acabar com uma amizade. Podemos interpretar as expressões gentis de nosso amigo como algo natural, exigindo como direito o que nos é dado como cortesia. Você não pode forçar uma espontaneidade, é tão impossível quanto fazer um botão de rosa desabrochar abrindo suas pétalas à força. O botão se torna uma rosa pela expansão natural de dentro para fora. A necessidade de um amigo é nossa oportunidade. Uma negligência momentânea ou frieza em um momento difícil, quando o coração cansado precisa muito de simpatia, incentivo ou ajuda, pode ser o início do fim de uma amizade.

Algumas pessoas gostam dos dividendos da amizade, mas não de suas avaliações. Elas realmente não precisam de um amigo, elas querem um banco. Quando não há ajuda mútua — que não precisa necessariamente ser do mesmo tipo ou mesmo grau, mas a ajuda em que cada um dá ao outro o seu melhor tão naturalmente quanto uma flor exala perfume —, a amizade se aproxima da data de validade.

A ingratidão mata a amizade ou a enfraquece rapidamente até que ela morra de anemia. Se valorizamos nossa felicidade ou a de nosso amigo, vamos investir com alegria o tempo, a energia e o pensamento necessários para manter o relacionamento livre, claro, fresco como um riacho de montanha. Uma quebra de confiança leviana e boba, em um momento em que a faz parecer uma traição calculada, pode matar uma amizade ou uma felicidade que cresce há anos.

A FELICIDADE É A SERENIDADE DA ALMA NA PRESENÇA DE UMA ALEGRIA PRESENTE.

Ceder de maneira precipitada ao temperamento, ao súbito calor da raiva, pode provocar uma queda acentuada na temperatura de um relacionamento entre duas pessoas. Pode destruir uma felicidade real como uma nevasca pode, em uma única noite, arruinar um campo de frutas. Pode ser uma carta indelicada, um momento de cinismo cruel, uma calúnia ou um deboche que serviu apenas para descarregar, sobre um amigo inocente, nossa triste decepção, um desgosto ou uma esperança adiada. Podemos ter tido consciência da injustiça antes que as palavras esfriassem em nossos lábios, mas algum traço maldoso de nossa natureza nos impediu de retirá-las.

Muitas vezes somos felizes em nossas esperanças, nossos planos, nossos propósitos ou nossas posses e deixamos a inveja de outro envenenar a fonte de nossa felicidade. A inveja é uma droga que entorpece a energia. Ela não nos entrega o que achamos tão bonito, simplesmente porque pertence a outro. A mesma coisa que desejamos pode não nos servir nem combinar conosco, mesmo que pudéssemos tê-la. Você já percebeu quanto o jornal do vizinho parece mais interessante que o seu, quando o olhar se desvia para o que o companheiro de assento está lendo? Você já sentiu que a refeição do outro parece ser muito mais apetitosa que a sua, embora você pudesse comer exatamente a mesma coisa, se quisesse?

A felicidade não vem da comparação de nossa vida com a dos outros; temos nossa vida para viver da melhor maneira, e não a vida dos outros. Vamos extrair o que pudermos de nosso jornal, da nossa refeição, da nossa vida. Vivamos com tanta intensidade, com tanta abundância, que a alegria da nossa vida transborde para os outros, nos torne mais capazes de ajudar os outros, nos transforme em refúgio para aqueles que precisam de nós.

Alimentar uma queixa não traz felicidade. Ser hipersensível às opiniões dos outros sobre nós nos coloca na falsa posição de fazer da aprovação deles nosso tribunal, e não de nossa consciência e autorrespeito. O falso orgulho muitas vezes nos trai e nos leva a renunciar as realidades da vida em troca de uma efêmera e pobre satisfação. Algumas pessoas estão tão ocupadas colocando cataplasmas em sua vaidade ferida que deixam a felicidade morrer de inanição. Viver cada dia da melhor maneira possível, com simplicidade, sinceridade e doçura, é o caminho mais seguro para conquistar a felicidade e mantê-la.

NA CURVA DO CAMINHO

AO PERCORRER UMA ESTRADA NA MONTANHA, ÀS VEZES SURGE de repente uma curva fechada onde, como que por magia, o caminho estreito se transforma na entrada de um vasto cenário natural. Atordoados, paramos involuntariamente, descansamos e nos rendemos à sua majestade. A vista nos exalta, glorifica e inspira.

Temos um novo e repousante terreno para contemplação, um novo teste de valores, uma nova base de interpretação, uma nova relação com a vida.

Os vilarejos e as aldeias no vale ostentam uma nova e desconhecida dignidade, se tornaram partes integrais de um grande cenário. As cores das árvores e flores se misturam, passam de meros efeitos singulares a uma harmonia maravilhosa. Estamos vendo o nascimento, a vida e a morte de um rio como uma águia pode observá-lo de seu ninho nos penhascos. Os campos de cem fazendeiros se tornam uma grande fazenda. E, muito além, podemos ver o grande oceano branqueando a costa com suas ondas a quilômetros de distância.

O complexo se tornou simples; o absoluto agora se tornou relativo; o isolado se tornou associado; o insignificante é grande, e o grande é maior; o detalhe que não perde nada de sua individualidade tem um valor agregado, como uma joia incrustada em uma coroa. Há um sentido mais refinado de justiça em nosso julgamento, o oxigênio das altitudes mais elevadas parece tonificar a alma, uma doce paz enche nosso coração.

Ao olharmos para trás, o caminho estreito, oferecido para nós em trechos enquanto nossos pés cansados venciam a longa subida, agora se destaca claramente em todo seu comprimento. Começamos a vê-lo como um decalque de toda nossa vida, como os anjos devem vê-lo com maior caridade a partir da elevada sabedoria de sua perspectiva mais verdadeira. Descanso, retrospecção, reflexão, realização e revelação nos fornecem um novo ponto de vista, uma nova chance de obter rumos morais, sintonizar a vida para trazer à tona suas notas mais altas e puras, tudo na curva da estrada.

A humanidade tende a ter uma visão estreita da vida e de seus problemas, em vez de, às vezes, fazer amplas reflexões. É a miopia da alma que permite que aquilo que não vale a pena jogue nas sombras as coisas realmente importantes. Mantemos alguma preocupação ou inquietação boba perto de nossa visão, como um joalheiro que examina um relógio com um olho tampado. Deixamos que uma tristeza seja o túmulo de muitas alegrias, que uma ingratidão sufoque muitas gentilezas que lutam para se manifestar, que uma fraqueza dentro de nós sugue a força de muitas virtudes. Precisamos da inspiração revigorante, da iluminação reveladora da visão maior. A curva na estrada, em seu sentido mais elevado, não é um lugar para permanecer; temos que seguir na batalha da vida. É apenas um arsenal de suprimentos, não um campo de batalha.

O início de um novo ano é uma curva natural e acentuada na estrada do tempo. Ali podemos descansar um pouco e, na paz, tranquilidade e calma da autocomunhão, ver o longo trecho da estrada de um ano. É um trecho construído de pequenos passos de vida, de momento a momento.

A HUMANIDADE TENDE A TER UMA VISÃO ESTREITA DA VIDA E DE SEUS PROBLEMAS.

Muitos propósitos pelos quais trabalhamos e lutamos com atenção estreita, fechada e egoísta parecem pobres, mesquinhos e insignificantes quando vistos da curva da estrada. A estrutura de algum esforço que pensávamos ser de mármore se mostra então em sua farsa doentia como um caso de exibição e pretensão precipitadas, feito de material frágil que não resistiu ao desgaste e ao teste do tempo. O esforço foi construído em linhas retas de caráter, do melhor que havia em nós. Faltavam força, sinceridade, simplicidade. Seu material era uma mistura de política e egoísmo reunidos em um plano apressado. Foi um fracasso, não pôde ser reconstruído, mas vale apenas um arrependimento passageiro a compreensão da lição aprendida pelo insucesso — na curva do caminho.

Agora vemos quantas vezes a mão paralisante da procrastinação tocou as boas ações que pretendíamos fazer, os sonhos cor-de-rosa que ansiávamos transformar em realidade. Desejávamos fazer e queríamos fazer, mas não nos empenhamos. A falha não estava nas condições, mas em nós. Não correspondemos às oportunidades. A filosofia que ensina que a oportunidade bate apenas uma vez na porta da casa de qualquer homem é falsa. A oportunidade chega com a persistência de um credor importuno, sempre com uma nova roupagem, e pede para entrar, mas podemos estar ocupados demais para atender à campainha.

Hábitos que tínhamos decidido superar para entrar em harmonia com nosso eu superior ainda podem nos perseguir, grandes e insolentes diante de nós. Talvez pareçam nos insultar dizendo que são mais fortes que nós. Eles nunca foram criados em um dia e não podem ser dominados em um dia. Uma hora pode representar o início da criação de um hábito; uma hora pode representar o começo de sua superação. O tempo, com coração e mente unidos em determinação, pode vencer qualquer hábito nocivo ou criar e confirmar qualquer hábito bom.

Olhar para trás a partir da curva na estrada deve nos inspirar, tornando claro quanto do que temíamos nunca aconteceu. A tirania da preocupação, que nos dominou e nos manteve por meses como escravos de um medo fraco, dissipou nossa energia, entorpeceu nosso pensamento e escureceu nossa visão mental, justamente quando precisávamos ter o controle total do nosso melhor, passa a ser vista como inimiga do verdadeiro crescimento individual. Significa uma luta mais árdua na batalha sem fim contra preocupação e pesar.

A visão mais ampla da vida revela que as únicas coisas grandes nela são ninharias; que o que mais nos fez sofrer, entristeceu o coração e transformou esperanças em cinzas eram apenas bobagens que se acumularam assumindo importância esmagadora. Uma palavra cruel, uma falta de gentileza, um pequeno mal-entendido pode escurecer um dia e nos separar de alguém que amamos, ou nos cristalizar em uma atmosfera de dúvida e desespero. Os momentos mais alegres da vida, os destaques nas fotos da memória, podem ser apenas pequenos momentos de gentileza, belas expressões de amor, simples homenagens de confiança e fé que fazem o coração sorrir quando nos lembramos deles.

A CURVA NA ESTRADA, EM SEU SENTIDO MAIS ELEVADO, NÃO É UM LUGAR PARA PERMANECER; TEMOS QUE SEGUIR NA BATALHA DA VIDA.

Conhecer o certo é inútil, a menos que o pratiquemos. Perceber nossa fraqueza é inútil, a menos que tentemos mudar. Podemos até nos reconciliar com as falhas e os fracassos a ponto de aceitá-los como definitivos, confessá-los e até mesmo nos gabar deles. Isso é injusto para nós e para os outros. Algumas pessoas tratam suas falhas como se fossem defeitos no vaso de

Portland[9] nobre natureza, como se apontá-las fosse praticamente bani-las para sempre.

A natureza nos dá constantemente novas curvas na estrada. Pode ser um aniversário ou alguma data comemorativa no ciclo de um ano. Pode ser algum dia especial no calendário particular de nossas emoções ou alguma data marcante para nós, um marco de alguma alegre "primeira" ou patética "última" vez no diário do coração. Pode ser uma tristeza suprema, uma sensação agonizante de perda, a chegada de uma grande alegria, o encerramento de uma época de vida, a comprovação da realidade de algo terrível demais para causar medo, alguma meia hora exultante que muda toda a vida de maneira irrevogável. Esses e inúmeros outros dias, horas ou momentos únicos podem nos levar à curva da estrada.

Então pode chegar um daqueles raros momentos da vida, de refinado discernimento espiritual, de revelação luminosa, de encontro com o eu mais elevado, quando o sórdido, o mesquinho, o temporário, o egoísta são despidos em um instante de suas farsas e de seus adornos extravagantes. Então o real, o verdadeiro e o eterno se destacam em sua majestade, banhados no esplendor e no brilho da revelação da verdade. Nesse espírito, somos preenchidos pela vibração da inspiração. É como nascer de novo para coisas novas, melhores e maiores, pois vimos a visão divina na curva da estrada.

---

9 Vaso de vidro romano, datado entre 5-25 d.C., referência de trabalho luxuoso para fabricantes de vidro e porcelana, desde o século XVIII. Atualmente se encontra no Museu Britânico, em Londres.

OCUPAR A CADEIRA DO JULGAMENTO

De olhos vendados, segurando na mão esquerda uma balança e na direita uma espada, assim é retratada a deusa da Justiça. Isso é sátira em forma de simbolismo. Parece o trabalho de algum cínico ardiloso que concentrou em uma única figura os piores elementos da injustiça humana e os chamou de "Justiça". É pior que um rótulo, é uma difamação. Essa deusa da Justiça tem os olhos deliberadamente fechados para os fatos. Ela segura ostensivamente no alto a balança da justiça, mas nunca vê seu movimento. Tem a mão firme na espada da punição antes mesmo de ouvir o testemunho. Ela exclui todas as evidências, exceto uma: "ouvir dizer".

Esta é a deusa da Justiça que domina a sociedade hoje. A verdadeira Justiça deve ter a mente aberta, os olhos abertos, os ouvidos abertos, a boca aberta, as mãos abertas. Serena, livre, desimpedida de laços externos ou preconceitos internos, ela deve ter um objetivo: descobrir a verdade. Nada deve escapar de sua visão atenta; nenhum sussurro mais tênue deve iludir seus ouvidos interessados; com a mais honesta sabedoria, ela deve questionar e, com mãos livres e desimpedidas, investigar, testar, provar. A luz da verdade deve iluminar com clareza cada detalhe das evidências. A balança do julgamento deveria estar firme sobre um suporte diante dela, não suspensa por um braço trêmulo. Este seria um símbolo mais elevado e verdadeiro do que uma mulher cega, ostentando seu emblema de superioridade.

O caráter não é um produto simples e uniforme. Não pode ser julgado como tecido, por um metro ou mais de amostra estendida sobre um balcão. É complexo, confuso, incerto, mutável, sujeito a humores que contradizem nossas conclusões. Mesmo sabendo de tudo isso, ousamos discernir toda a vida e o caráter de alguém que talvez nunca tenhamos conhecido. Construímos nossa impressão a partir de algumas pistas, calúnias, comentários levianos, boatos vagos ou mentiras absolutas de reportagens nos jornais, como cientistas reconstroem um animal pré-histórico desconhecido a partir de alguns ossos. Julga-se uma pintura pela visão completa de toda a tela; centímetros quadrados isolados de cor não têm sentido. No entanto, ousamos julgar nossos semelhantes por atos e palavras individuais, vislumbres enganosos e momentos ilusórios

A LUZ DA VERDADE DEVE ILUMINAR COM CLAREZA CADA DETALHE DAS EVIDÊNCIAS.

de tensão. A partir daí, transformamos um humor em caráter e um episódio em uma vida.

Há muito julgamento humano, muita crítica inconsequente dos atos alheios. Permite-se que a suspeita desloque evidências, que a astúcia barata supere a caridade, que o preconceito se disfarce de julgamento. Imaginamos, adivinhamos, especulamos, depois passamos tudo isso adiante por meio do discurso indiscreto e da fofoca irresponsável que pode causar amargura, tristeza, mágoa e injustiça aos outros. Aqueles que condenamos podem estar lutando de maneira nobre sob um ataque de provações e tentações que talvez nos fizesse desmaiar nas trincheiras ou abaixar nossa bandeira e recuar em rendição desesperada.

Temos direito às nossas preferências, aos nossos gostos e desgostos, às nossas impressões, às nossas opiniões, mas devemos guardar o julgamento final como um jurado honesto e imparcial, que adia seu veredito até ouvir e avaliar todas as evidências. Não temos o direito de deixar o preconceito dominar o julgamento e matar a justiça. Podemos ver uma atitude, mas não temos nenhuma revelação luminosa do motivo por trás dela.

Condenamos de maneira leviana a alegria de um homem que sofreu uma perda terrível e o acusamos de não ter coração. Talvez ele ria apenas para conter as lágrimas que jorrariam como uma torrente de seu coração, se fosse menos corajoso. Criticamos a parcimônia de alguém quando, na verdade, ela é generosidade consagrada a outra pessoa. O perdão excessivamente generoso pode parecer fraqueza, quando é, na grande maioria das vezes, a expressão de uma natureza grandiosa.

O amor em seu auge pode parecer indiferença. O que parece presunção pode ser apenas o esforço do indivíduo para ter de volta uma autoconfiança perdida que ele anseia por recuperar. A irritabilidade de alguém, ou explosões ocasionais de temperamento, podem ser apenas faíscas de protesto contra uma triste história de vida ou alguma doença suportada com coragem, conhecida apenas por alguns poucos escolhidos. A mesquinharia pode, na realidade, ser pobreza orgulhosa demais para se confessar. Ouvimos um lado de muitas histórias e julgamos apenas por isso. Julgamos frequentemente alinhados à nossa menor resistência mental. Ignorantes, condenamos um homem por vaidade, porque seríamos vaidosos se tivéssemos realizado seu trabalho. Há uma grande diferença entre se colocar no lugar do outro e colocá-lo no seu. Um é uma tentativa de sabedoria; o outro, uma especulação do preconceito. Interpretamos mal os motivos, não conhecemos os fatos e julgamos com base em padrões errados.

Na vida individual, percebemos que há momentos em que tudo que fazemos ou dizemos nos representa mal. Queremos expressar gentileza, mas de alguma forma as palavras soam irritadas, cruéis ou enganosas. Sem querer, machucamos aqueles de quem mais gostamos; lamentamos, sabemos que efeito triste estamos criando, mas caímos em armadilhas mais profundas. Podemos até ser orgulhosos demais para explicar tudo isso. Estamos todos desafinados. Descemos no escorregador da ladeira. Estamos descendo a ladeira de acordo com a disposição de um humor. Podemos não nos entender e, tomados por uma fome do coração, podemos desejar que alguém nos compreenda com doçura e gentileza, que nos veja como realmente somos, apesar de nós mesmos e de nossas atitudes.

Conhecendo essa qualidade labiríntica em nós e até mesmo na natureza humana em seu melhor, joguemos o manto dourado do amor, da gentileza e da justiça sobre todo pensamento de condenação. Como julgar com rigor os outros, se mal nos conhecemos e sofremos com julgamentos injustos? Vamos viver na luz clara do sol do amor, fechando os olhos com caridade para julgamentos adversos, apenas esquecendo muito, perdoando muito.

Busquemos com ternura, sinceridade e solidariedade o melhor lado de alguém que conhecemos, seu eu real, bom e verdadeiro. Pensemos nas belas flores e ignoremos as ervas daninhas como invasoras temporárias. Isso pode servir de inspiração para alguém próximo e querido por nós, para que essa pessoa viva de acordo com o ideal que temos dela, para que seja digna dos patamares mais altos aos quais nossa confiança a elevou.

Às vezes, surgem situações entre amigos que requerem julgamento e ação rápidos. Temos então que avaliar cada item com todo cuidado, considerando realmente os dois lados do livro contábil da nossa experiência. Antes de decretar a sentença, vejamos se, no fundo do coração, acreditamos honestamente que nosso veredito é justo, correto e verdadeiro. Tenhamos certeza de que é justiça, não preconceito, irritação, temperamento, decepção, fofoca ou qualquer outra coisa eclipsando a justiça de nosso julgamento. Nossa injustiça, se existir, pode mudar amargamente a vida dos envolvidos.

COMO JULGAR OS OUTROS COM RIGOR, SE MAL NOS CONHECEMOS E SOFREMOS COM JULGAMENTOS INJUSTOS?

Uma das lições mais difíceis da vida é aprender a não julgar. Noventa por cento das críticas, dos comentários e julgamentos adversos da humanidade podem ser desnecessários e irrelevantes a qualquer propósito útil. Não é da nossa conta. É simplesmente intromissão impertinente nos assuntos dos outros, sem que haja sequer a esperança de sermos úteis. Na maioria das vezes, é o que mais nos causaria ressentimento se as situações fossem invertidas.

Há momentos na vida de cada um em que o julgamento é necessário, quando devemos julgar e quando é de vital importância julgarmos com sabedoria e justiça. Há pessoas a quem nos associamos com muita proximidade no amor, na amizade ou nos negócios, e pode ser importante para nós entender suas palavras, suas atitudes, seus motivos e suas emoções na medida em que afetam os nossos. A própria atitude de não julgar até que se torne necessário dá sempre dignidade, calma, equilíbrio e delicadeza a esses julgamentos inevitáveis. O julgamento que foi embotado pelo constante uso indevido, como uma navalha que foi usada para apontar lápis, tem pouco valor em necessidade real.

O julgamento mais sábio é produzido pela melhor cabeça cooperando com o melhor coração. É gentil, honesto e caridoso, busca a verdade, não a confirmação de um preconceito. No prefácio de suas conclusões sobre as evidências, ele diz sempre: "Como me parece", "Se entendi corretamente", "Até onde fui capaz de avaliar", "A menos que eu esteja enganado" ou frases semelhantes. Elas representam o julgamento suspenso, sem o tom de conclusão absoluta. Mostram uma disposição para modificar o veredito, suavizar a sentença ou ordenar um novo julgamento se novas evidências, nova iluminação ou nova interpretação puderem ser produzidas.

Somente por meio da empatia o caráter pode ser corretamente compreendido. Intolerância e preconceito envenenam o julgamento. Nem mesmo nossos piores inimigos são tão ruins quanto pensamos. Quando Apeles, o pintor grego, fez um retrato de Alexandre, rei da Macedônia, ele pintou o monarca com o dedo em uma cicatriz recebida em batalha para que a desfiguração não fosse evidente. Não apontemos as cicatrizes na vida e no caráter daqueles ao nosso redor, mas deixemos que o dedo gentil da caridade as encubra gentilmente.

Para matar o hábito do julgamento quando ele é desnecessário, devemos silenciar sua expressão, mas devemos fazer mais, temos que aprender a não pensar em julgamento severo, mesmo o que não é pronunciado. Se julgarmos severamente em pensamento, isso vai colorir nossos atos e nossa atitude.

UMA DAS LIÇÕES MAIS DIFÍCEIS DA VIDA É APRENDER A NÃO JULGAR.

Quando tentados a julgar, perguntemos: "É necessário?" Ao ouvir fofocas, perguntemos: "Quais são suas provas?" Devemos sufocar nossas críticas e silenciar as dos outros. Ao julgar os outros, tenhamos coragem de dizer, não com frieza e despreocupação, mas das profundezas do amor e da empatia humana: "Realmente, não posso dizer. Não sei".

Há uma lenda oriental que diz que, um dia, Cristo, vagando pelas ruas de Jerusalém, de repente encontrou um grupo de desocupados zombeteiros debruçados sobre o cadáver de um cachorro. Cada um falava com desprezo, cada um condenava algum aspecto, cada um contribuía com alguma maldade para alimentar a alegria cruel. Cristo ficou em silêncio por um momento e, então, apontando para a boca aberta do cachorro morto, disse: "Ah, mas nenhuma pérola é mais branca que seus dentes". Essa atitude de buscar sempre o melhor lado em nossa vida diária a transformaria completamente.

A INSPIRAÇÃO DAS POSSIBILIDADES

O MUNDO PRECISA DE UM CHAMADO CLARO QUE INSPIRE O indivíduo a alcançar seu potencial ilimitado. Nenhum homem jamais esgotou suas possibilidades. Os maiores que já derramaram a glória de sua presença nesta Terra deram, no máximo, uma demonstração resumida das poucas linhas em que se concentravam. Ninguém jamais viveu o florescimento pleno, completo e perfeito de toda sua natureza, a vastidão de suas possibilidades permaneceu no silêncio e no segredo do não expresso. A vida é curta demais para a história completa. O sentimento da incompletude desta vida, sua insatisfação, é uma base forte da crença na imortalidade.

Vamos jogar fora essa filosofia entorpecente que prega o "Lembre-se de suas limitações" e defender sempre: "Lembre-se de suas possibilidades ilimitadas". Com a nova dignidade adicionada à vida individual, vem uma percepção mais refinada do poder de viver ao máximo o dia a dia e um controle amplo e firme sobre os problemas individuais. Haverá uma revelação que deve matar farsas e fingimentos. Haverá uma sintonia mais verdadeira com as coisas reais e mais elevadas da vida. Não haverá a loucura — que o desanimador ditado da "limitação" tanto teme — de pessoas tentando alcançar o sucesso instantâneo em áreas onde apenas o gênio ou anos de esforço dedicado podem conquistá-lo.

O homem não é colocado no mundo como uma caixa de música preparada com um número determinado de melodias, mas como um violino com infinitas possibilidades. Essa música ninguém pode produzir, exceto o próprio indivíduo. Ele é posto na vida não como algo pronto, mas como um começo; não como um artigo manufaturado, mas como matéria-prima; não como uma estátua, mas como uma pedra bruta pronta tanto para o cinzel firme do propósito definido quanto para o desgaste sutil das circunstâncias e condições.

O MUNDO PRECISA DE UM CHAMADO CLARO QUE INSPIRE O INDIVÍDUO A ALCANÇAR SEU POTENCIAL ILIMITADO.

O que realmente conta é apenas o que um homem faz de si mesmo. Ele deve limpar a mente daquele pensamento enfraquecedor de que tem uma capacidade absolutamente predeterminada, como um vagão de carga com seu peso e tonelagem pintados na lateral. Ele está crescendo, expansivo e ilimitado, autoajustando-se a uma responsabilidade maior, progressivamente capaz de grandes deveres e maiores possibilidades à medida que os realiza e os cumpre.

O homem deve ter essa sensação de ser ilimitado física, mental, moral e espiritualmente. Histórias de jornais e revistas de homens que vieram para este país com setenta e seis centavos e agora possuem trinta milhões de dólares e lideram um fundo fiduciário demonstram o lado financeiro da possibilidade. Aqui consideramos desnecessário dar novos aperitivos para uma fome nacional tão bem desenvolvida.

No aspecto físico, o homem pode perceber como uma "limitação" foi removida, no caso de homens fortes, saudáveis e atléticos tenham sido fracos na infância e até mesmo na juventude. Eles se reformularam com exercícios, vida ao ar livre, sol, comida simples e adesão às leis de saúde que constituem o senso comum da Natureza. Não há perda de nenhum dos sentidos nem de membros que tenha se mostrado uma desvantagem fatal para o sucesso dos homens grandiosos que cultivaram um fino desprezo pelos obstáculos que ousaram desafiá-los.

As possibilidades de desenvolvimento mental são justificadas na lista dos grandes homens do mundo que, com as menores oportunidades de educação, lutaram para chegar às fileiras dos grandes pensadores, homens de rara individualidade e verdadeiros líderes na vanguarda mundial para as coisas mais elevadas. Nunca os livros foram tão baratos ou tão acessíveis como hoje, e pouco tempo dedicado diariamente a esse desenvolvimento faria maravilhas para aquele que não só tem desejos e vontades, mas quer realizar possibilidades.

Ninguém na vida ocupa uma posição tão humilde, seja no menor vilarejo ou na maior cidade, que não possa manifestar sua força moral e exercê-la. Não há ninguém tão obscuro que não possa fazer a vida daqueles que o cercam ser maravilhosamente transformada, iluminada e inspirada se apenas viver cada vez mais de acordo com suas possibilidades em expansão no caminho da gentileza, consideração, alegria, boa vontade, influência e otimismo.

É muito melhor para o indivíduo ser uma brasa viva, irradiando luz e calor por um dia, do que ser um pingente de gelo por um século. É melhor ser um oásis de frescor e inspiração, mesmo que o oásis não seja maior que uma toalha de mesa, do que ser um deserto de tristeza maior que o Saara. Todos nós podemos ser intensos, mesmo que ainda não possamos ser extensos; profundos, mesmo que não possamos ser amplos; concentrados, ainda que não possamos ser difundidos. A menor poça d'água pode refletir o sol; não é preciso um oceano. Vamos viver de acordo com nossas possibilidades por um só dia, e não teremos que morrer para chegar ao céu; criaremos o céu para nós mesmos e para os outros aqui mesmo, hoje, neste pequeno globo giratório que chamamos de Terra.

O que um homem é em qualquer momento da vida não determina o que ele pode vir a ser. Não é necessariamente um destino; pode ser apenas uma estação; um capítulo, não a história completa. O progresso é apenas a revelação contínua de possibilidades transformadas em realidades. Vemos a corrida, mas não a meta. O verdadeiro teste da vida não são os resultados, pois eles podem estar além do poder de controle do indivíduo, mas as qualidades morais e mentais que ele coloca na luta. O padrão de julgamento do mundo não está de acordo com a ética superior da alma. A revelação do verdadeiro caráter não é obter o melhor, mas se mostrar digno do melhor.

O QUE REALMENTE CONTA É APENAS O QUE UM HOMEM FAZ DE SI MESMO.

O homem que fala de maneira leviana sobre as coisas que faria se tivesse tempo, sem se dar conta das horas de oportunidade desperdiçadas que se esvaem ociosamente por entre seus dedos, precisa acordar. Ele inveja frequentemente aqueles que realizaram alguma maravilha na autoeducação, quando uma pequena parte do tempo que desperdiça, em um ano, o capacitaria a aprender um novo idioma. Cada hora é uma nova carruagem de possibilidades de tempo que pode estar carregada de ricos tesouros, mas, se o homem ignora essa carga, não deve reclamar da subsequente esterilidade do resultado. Os grandes líderes do pensamento e esforço humano não têm sido aqueles que tiveram as melhores oportunidades, mas os que fizeram o melhor uso delas.

Há homens batalhando com o solo em fazendas pobres e anêmicas que possibilitam apenas uma vida precária, enquanto por baixo desses acres pode haver veios ricos de carvão, poços de petróleo que só precisam ser revelados, ou leitos de outros minerais que representariam a libertação da escravidão da pobreza. Não é fácil fazê-los se manifestar, mas os maiores tesouros de possibilidades dentro do coração, da mente e da vida do indivíduo podem ser trazidos à tona por ele, basta querer. A autoconfiança é uma virtude que nunca deve andar sozinha; ela deve estar sempre acompanhada por energia incansável.

Há momentos de maré alta para todo mundo, quando contemplamos algum feito heroico, quando nossos ouvidos são invadidos pela música triunfal de um grande pensamento, quando as palavras vitalizantes de algum grande pensador ou professor tocam nossa alma através dos olhos com uma mensagem de iluminação. Então vemos a vida de uma nova perspectiva. A mesquinharia e o vazio de viver nos níveis mais baixos envergonham a alma pela autocomplacência, e parece que temos visões maravilhosas de nossas possibilidades, vislumbres do que podemos nos tornar. É um encontro cara a cara com nosso eu superior que pode recriar a vida por todos os anos que ainda virão, se quisermos. Realizemos nossas possibilidades cada vez mais, tornando-as reais, vitais, crescentes, em vez de mantê-las inúteis, como uma semente viva e quente que pode descansar por anos na mão morta de uma múmia. Realizar possibilidades é a alma do otimismo, e o otimismo é a alma da vida.

O ESQUECIMENTO COMO UMA BELA ARTE

ESQUECER É UMA DAS BELAS ARTES DE VIVER DA MELHOR FORMA possível. Não se trata de esquecer, mas de quando um nome, uma data ou um fato não tem força suficiente para não se perder nas águas do esquecimento. O bom esquecimento representa a firmeza do caráter, não a perda da mente. É a caneta vermelha da sabedoria cortando palavras desnecessárias do texto da nossa vida. É a realeza individual determinando quais pensamentos vai deixar residir em seu reino. É a alma expulsando o indigno e o indesejável. Um grande editor disse uma vez: "O verdadeiro segredo da edição é saber o que jogar na lata de lixo". O esquecimento é o lugar onde a alma descarta pensamentos descartáveis, memórias deprimentes, ambições mesquinhas, padrões falsos e ideais baixos.

Todas as virtudes, vícios e qualidades da vida mental e moral podem ser definidas em termos de esquecimento ou lembrança. Egoísmo é esquecer os outros ao se lembrar demais de si mesmo. Preocupação é a incapacidade de esquecer problemas que podem nunca acontecer. Honra é a lembrança de altos padrões expressos em atos. Raiva é a explosão de uma memória superaquecida. Perdão é o coração esquecendo uma injúria. Ingratidão é o coração esquecendo um favor. Hábito é a memória de atos facilitados pela repetição. Misericórdia é a memória da fraqueza humana temperando a justiça. Inveja é esquecer as próprias posses ao lembrar demais das dos outros. Influência é a lembrança dos atos de alguém inspirando atos dos outros. Paciência é esquecer pequenos problemas ao longo do caminho e concentrar o pensamento no objetivo. Amor são as memórias mais doces do coração consagradas ao outro.

Esquecer como uma bela arte tem duas fases distintas: aprender como esquecer e o que esquecer. Esquecer é o eclipse de uma lembrança ocorrida no coração. É muito fácil dizer a alguém que sofre com uma memória: "Ah, esqueça tudo". Quem já tentou lutar com honestidade e coragem no campo de batalha silencioso da alma sabe que esquecer nunca é fácil. Se fosse fácil, não haveria crédito, coragem ou força em dominar essa habilidade. Essas pessoas que dizem que batalhas morais são fáceis, realmente não sabem nada sobre isso, não se importam com nada ou estão se preparando para dizer que acabaram de se lembrar de um compromisso e precisam dizer "adeus". É uma luta real, mas podemos vencer no final se não tivermos medo de uma luta rápida e difícil. É melhor do que um longo cerco de lembranças que dura anos.

Impedir que o mundo saiba de nossa dor ou luta, encobrindo a tristeza com um sorriso como se a tivesse esquecido, é muito fácil, mas isso não é esquecimento real. As maiores almas acham mais difícil esquecer. O esquecimento treinado é paradoxal. Não podemos esquecer tentando intensamente esquecer, isso só aprofunda e dá nova vitalidade à memória. O verdadeiro esquecimento significa memória mais refinada; é trocar uma lembrança por outra, por uma mais forte, um antídoto. Significa concentrar-se na segunda fase para que a primeira seja enfraquecida, neutralizada e desbotada como uma mancha de tinta bem tratada. É remover uma erva daninha do jardim do pensamento e depois plantar uma flor viva e resistente em seu lugar. É cultivar novos interesses, novas relações, novas atividades. O tempo ajuda muito, mas ajuda especialmente quando trabalhamos em parceria com ele.

Se aprendermos a esquecer com sabedoria e altruísmo as rusgas pequenas de nossa vida diária com os outros, acumulamos silenciosamente uma reserva maior de poder para as necessidades posteriores. Vamos esquecer os espinhos da vida diária ao lembrar as rosas de suas possibilidades; esquecer as coisas que doem ao lembrar motivos despercebidos para se expressar gratidão; esquecer a fraqueza daqueles ao

PERDÃO É O CORAÇÃO ESQUECENDO UMA INJÚRIA. INGRATIDÃO É O CORAÇÃO ESQUECENDO UM FAVOR.

nosso redor ao procurar descobrir seus pontos fortes. Vamos esquecer as decepções na coragem de uma nova determinação; esquecer o pequeno erro do amigo revivendo na memória suas muitas gentilezas; esquecer as coisas que deprimem nos concentrando naquelas que animam. O bom esquecimento é uma tentativa de justiça melhor. Significa viver ostensivamente nas terras altas da verdade e da luz.

O homem que deixa as coisas realmente grandes da vida, amor, honra, dever, confiança, amizade, lealdade, justiça, escaparem dele pelas meras gratificações de um momento ou de um humor, não tem o direito de esquecer, em princípio. Seu primeiro dever é verificar se não tem mantido a consciência entorpecida pela autodesculpa. Ele deve perceber o erro e fazer tudo que estiver ao seu alcance para corrigi-lo. Então, em sua nova força, as coisas mesquinhas perderão seu charme traiçoeiro. Desaparecerão nos recessos sombrios do esquecimento, que é o lugar delas, e as coisas reais se destacarão novamente, fortes, luminosas, inspiradoras.

Há momentos em que um homem se alegra por estar vivo, por ainda ser capaz de fazer a coisa certa de que desdenhou, como encher a vida de alguém com rosas, remover a tristeza do caminho de alguém. Ele tem a nova oportunidade de fazer o trabalho de um grande homem de uma maneira simples, esquecendo de si mesmo.

Aquele que ouve com alegria o escândalo e o revira na língua com apreciação para, em seguida, divulgá-lo com capítulos suplementares criados por sua suposição, o repete até que se torne uma tatuagem manchada na memória. Seus ouvidos devem ser impedidos de ouvir e a mente deve ser ensinada a esquecer, pensando profundamente na dor que tal escândalo causaria, fosse ele ou alguém querido a vítima, inocente ou culpada.

Aquele cujo sucesso o tornou duro, egoísta, intolerante e crítico, que não tem paciência com quem não foi bem-sucedido, deveria descansar um pouco da tarefa de pendurar novas medalhas no peito da autoaprovação. Ele deveria esquecer sua vaidade indigna relembrando as próprias lutas difíceis e a parte que o acaso, o patrocínio, o favor ou mesmo a inteligência questionável tiveram na gestação de sua prosperidade. Ele pode então estender com alegria a mão amiga que agora retém.

Frequentemente, deixamos um ato do passado envenenar nossa vida no presente: lembramos quando deveríamos esquecer. Há coisas feitas na inexperiência da juventude, em momentos de irracionalidade, atos de muitos anos atrás, que deixaram cicatrizes no pensamento, que ardem e infeccionam, que desencorajam e desbotam o propósito, deprimem a vitalidade moral, escurecem a visão mental e entorpecem a energia. Deveríamos deixar o passado morto e enterrar seus mortos. Deveríamos colocá-los para sempre fora da nossa vida e do pensamento. Se fizermos todas as reparações possíveis, podemos considerar esses atos como os de outra pessoa, um eu mais fraco que agora está morto, não o eu que vive hoje, aquele que buscamos tornar melhor. Façamos do nosso novo eu mais que um monumento a um passado morto. Que ele seja para nós uma profecia do eu maior que estamos preparando.

Lembre-se e pense em loucuras, erros, pecados e tristezas do passado apenas pelo tempo suficiente para reparar, expiar e evitar. Então esqueça o ontem de tristeza, vergonha, erro e fracasso e concentre-se nos dias novos, frescos e limpos de uma vida mais elevada e verdadeira, tornando cada novo hoje apenas o prelúdio de um novo e melhor amanhã.

Foi a esse belo esquecimento que São Paulo se referiu quando disse: "Esquecendo as coisas que para trás ficam, prossigo para o objetivo da minha alta vocação". Esquecer dessa maneira é simplesmente perdoar a nós mesmos pelos erros do passado. Perdoamos os outros por erros quando há verdadeiro arrependimento e a promessa, direta ou implícita, de não repetição. Se formos honestos em nossa determinação, se realmente adquirimos nova sabedoria, por que não deveríamos perdoar a nós mesmos?

O ESQUECIMENTO É O LUGAR ONDE A ALMA DESCARTA PENSAMENTOS DESCARTÁVEIS.

Esquecer é a lição mais difícil da vida, e nunca é tão difícil quanto com as memórias das emoções. Nossos momentos mais amargos são aqueles em que pintamos de preto nossas memórias mais doces por pertencerem a um passado que está morto para sempre. Há picos de lembranças alegres que nos soterram com uma dor enlouquecedora, mais difícil de suportar do que qualquer tristeza real, passada ou presente. Há células de memória que desejamos identificar, individualizar e isolar dos milhões de outras semelhantes no cérebro e matar, assim como a agulha elétrica amortece a vida de uma célula capilar.

"A coroa de pesar dos pesares", diz Tennyson,[10] "é lembrar de coisas mais felizes". A tristeza longa e difícil é uma doença da alma, da qual, com o tempo, podemos emergir gradualmente. A natureza nos leva com delicadeza de volta à saúde em nossos dias de convalescença emocional, ajudando-nos a esquecer e nos dando novas memórias para lembrar. A memória é uma força mental que não podemos matar, mas podemos direcioná-la, podemos dar a ela novos assuntos com que lidar, novos motores de propósito para mover, novos canais nos quais correr.

Às vezes, há pequenas fraturas em nosso orgulho, incidentes irritantes que machucam, talvez por estarmos nervosos. Eles se avolumam diante de nós. Cada um parece tão grande quanto uma tristeza ou perda real. Se não conseguirmos dominá-los, talvez seja melhor nos rendermos a eles só um pouco, pensar sobre isso, conversar sobre isso, tirá-los o máximo possível do sistema emocional. Então, devemos parar de pensar e falar; devemos aprender a esquecer, evitando situações e condições que revivem a dor, buscando o trabalho certo e a associação que a levem embora. Então, até mesmo uma grande tristeza corrosiva será superada. Se for considerada indigna, a encontraremos silenciada para sempre em nossos corações e morta em nossa memória.

10 Alfred Tennyson (1809-1892), poeta inglês.

Vamos tentar começar cada novo dia conscientes de nossa coroa de individualidade com a serenidade e a calma de uma nova vida, sem guardar nada do passado, exceto sua sabedoria, suas doces lembranças, seus deveres, suas responsabilidades e esperança, alegrias, privilégios, amor e posses que a antiga vida nos legou.

A CRUZ DA VITÓRIA DA FELICIDADE

A FELICIDADE NÃO É RESULTADO DE SIMPLESMENTE CRUZAR os braços, aceitar a vida com resignação e olhar para o céu em atitude de falsa devoção. Felicidade é ação, não inércia; realizar, não apenas sonhar; encontrar a si mesmo, não se perder; clareza, não ilusão; realidade, não fantasia. A felicidade não se engana, acreditando-se que o que quer que aconteça é o melhor; ela busca constantemente encontrar o que há de melhor no que acontece e tenta torná-lo melhor.

Convencer-nos de que somos felizes, pensando que somos, é um tipo pobre de auto-hipnose. Não traz felicidade, assim como imaginar que estamos jantando não faz aparecer diante de nós uma mesa com um verdadeiro jantar real. Declarar constantemente em voz alta que somos felizes quando, no fundo, sentimos que a felicidade está extinta definitivamente para nós, não é corajoso, mas desonesto. É fazer um jogo de confiança com a credulidade de nossos amigos. É falso otimismo, a voz do pessimista mentindo sobre seus problemas. A verdadeira felicidade não se gaba, ela irradia.

Se as provações e tristezas da vida deprimem, não se deve negá-las, mas percebê-las e buscar imediatamente mudar as condições, como o maquinista que, conduzindo seu trem, vislumbra um sinal de perigo e ajuda a remover o obstáculo nos trilhos. Se nossas tristezas são reais, devemos suportá-las com toda coragem possível, concentrando o pensamento em coisas mais radiantes. Muitas vezes acentuamos nossas dores com compressas quentes de autocompaixão que aplicamos constantemente sobre as feridas. Não deixamos a Natureza curá-las com suavidade; não procuramos esquecer nossas feridas ao ajudar os outros a esquecerem as deles. A ilusão nunca gera realidade. A realidade vem apenas da verdade, de pensamento correto seguido de vida correta.

O Infinito não dá felicidade a ninguém, mas fornece a matéria-prima da qual ela pode ser feita. Fornece minério de ferro, mas nunca arados; argila, mas não tijolos; trigo, mas não pães. O material com o qual um homem constrói apenas uma casa miserável pode ser usado por outro para erigir um templo de alegria. A felicidade é um artigo manufaturado, que não pode ser comprado ou vendido, deve ser produzido em casa pelo próprio indivíduo. O único homem para quem foi fornecido um paraíso pronto foi Adão, e ele estragou tudo e foi despejado. Todas as outras pessoas tiveram que fazer os próprios paraísos ou ficar sem eles.

A vida não é férias de verão, ou uma visita guiada pela terra da alegria, ou um sonho que devemos aceitar como aparece, é uma luta, uma batalha. Devemos fazer a nossa parte; devemos lutar, e lutar sem os mapas de guerra da campanha abertos diante de nós para consulta e inspiração. Devemos lutar contra o inimigo que está mais próximo, cumprir a tarefa que está em nosso caminho, ajudar os fracos e caídos, conquistar cada ponto de visão mais alta, melhor e mais clara, estar preparado para o que vier com a coragem de um verdadeiro soldado que tem as probabilidades contra ele. Se vale a pena, vale a pena lutar para ter. Se você quer felicidade, lute por ela bravamente. Lute para ser merecedor dela, lute para conquistá-la, lute para mantê-la, lute para compartilhá-la, lute para ajudar os outros a conquistarem a deles.

FELICIDADE É AÇÃO, NÃO INÉRCIA; REALIZAR, NÃO SONHAR; CLAREZA, NÃO ILUSÃO.

Lutar pela felicidade é paradoxal. Devemos lutar por algo maior do que a felicidade, ou não a conquistaremos. Aquele que mira diretamente nela sempre erra. Alcança um tipo pobre, fraco e adulterado de egoísmo que prova que sua satisfação, prazer ou alegria são apenas substitutos baratos e insossos. O alimento puro da natureza, o artigo real, nunca tem um gosto ruim, nunca perde a cor. Aquele que está vivendo em patamares mais altos, lutando bravamente para estar em sua melhor versão, colocando a felicidade em segundo plano em relação ao amor, à justiça, à honra, aos ideais, à verdade, ao altruísmo e à justiça, é quem a conquista. A felicidade é a Cruz da Vitória moral da vida. É um prêmio extra pelo domínio sobre si mesmo, uma bela vitória no campo de batalha do eu, "por bravura", pelo bem dos outros.

Muitos anos atrás, a Inglaterra estabeleceu a Cruz da Vitória, uma simples cruz de Malta de bronze com uma decoração e as palavras "Por bravura" pendurada em uma fita. Ela foi dada a soldados, marinheiros e todos os outros que se mostraram dignos por realizarem atos especiais de bravura altruísta em situações de extrema necessidade.

Dos milhares agraciados com tão valorizada homenagem, poucos, ou nenhum, pensaram nela por um instante na hora exata em que se mostraram extremamente dignos dela. Dominados por coragem sublime no calor da batalha, eles superaram o mero dever por uma inspiração mais elevada. O amor pela humanidade fez alguns alcançarem alturas supremas de ousadia para salvar vidas. Alguns permaneceram, corajosos e destemidos, quase cegos a todo perigo na hora de necessidade suprema de uma nação, de um exército ou um indivíduo.

Esquecendo-se deles mesmos, esquecendo-se do perigo assustador, esquecendo-se dos espectadores fascinados, esquecendo-se de tudo, exceto do chamado imperativo para a ação instantânea, mal conceberam um plano antes de começarem a agir. Eles responderam a algum impulso divino que preencheu de tal forma o humano, que não deixou espaço para o pensamento sobre a cruz. Eles a esqueceram, mas se mostraram dignos dela, e mais tarde a tiveram no peito. Que a felicidade seja nossa Cruz da Vitória, concedida por provarmos que somos dignos dela.

O campo de batalha em nossa busca pela felicidade não está no mundo exterior, mas dentro nós. A mera obtenção de riqueza, fama, sucesso, posição, poder ou posse não traz necessariamente felicidade. A história dos tempos é prova disso. A felicidade vem sempre de dentro. É calma e paz interior. Devemos lutar não pela felicidade diretamente, mas contra os elementos dentro de nós que nos mantêm infelizes e a favor daqueles que nos ajudarão a conquistá-la. Existem características dentro de nós que frequentemente envenenam a taça da felicidade quando ela está segura em nossas mãos, como ciúme, malícia, teimosia, inveja, orgulho, egoísmo, ociosidade, medo, preocupação, suspeita e vários outros. Vamos perceber os elementos que nos impedem de sermos felizes, manter em mente a necessidade de dominá-los e começar a enfrentá-los com coragem.

A preocupação é um inimigo comum da felicidade. É uma rendição inquieta a medos vagos, que não são enfrentados individualmente, mas multiplicados. É a repetição insistente e irritante de um pensamento perturbador. Você já apertou repetidamente uma tecla de uma máquina de escrever quando a fita não está se movendo e então a viu rapidamente se desgastar? Não há progresso, nenhuma escrita, nenhum resultado, mas desgaste inútil. É assim que a preocupação age na mente; ela consome energia, propósito e vitalidade e não produz nada.

Não é a luz clara do pensamento focada em um problema; é uma névoa mental opaca, distorcida e borrada que cria fantasmas onde não existem. Não é fácil de controlar; mas pode ser dominada, e deve ser ou escurecerá toda a vida do indivíduo. Ter visões mais curtas de nossa vida diária ajuda muito.

Viver dia a dia, fazer de cada dia uma vida completa, fazer a cada dia o nosso melhor, e perceber que fizemos o nosso melhor enfrentando os resultados com coragem, essa é a fórmula mágica que de alguma forma devemos aprender a transformar em vida real. A preocupação tem um lugar na maioria das infelicidades da vida.

Devemos lutar contra o egoísmo se quisermos alcançar felicidade. Todos os pecados, fraquezas e loucuras da natureza humana são simplesmente egoísmo aparecendo e reaparecendo sob uma centena de disfarces ou trajes. O egoísmo é traiçoeiro porque produz uma falsificação temporária de felicidade que engana o indivíduo. Ele cria uma aparência enquanto destrói a realidade. Ele o coloca fora de contato com a humanidade, mata seu interesse genuíno pelos outros, o isola, intensifica suas demandas enquanto diminui seus recursos reais, destrói sua verdadeira perspectiva de vida, constrói uma falsa autossuficiência. Nada que vive na natureza vive apenas para si. A planta que absorve o que para ela é vida, como alimento e ácido carbônico do ar, precisa exalar oxigênio, ou morrerá. Doar é tão vital quanto receber. Lutar pela felicidade significa obtê-la para que possamos dá-la, e ao dá-la a temos novamente em uma nova forma.

Nada fora do homem pode fazê-lo realmente feliz. É preciso, de alguma forma, entrar nas próprias fibras e substância de nossa vida, de nossos pensamentos e necessidades. Felicidade significa, em última análise, autodomínio, harmonia consigo mesmo. É o eu superior governando em paz sobre um eu inferior conquistado, como um general vitorioso governa sabiamente uma cidade que ele tomou. Felicidade não deve ser confundida com conteúdo, satisfação, conforto, prazer e alegria. Estas são apenas faíscas enquanto a felicidade é a atmosfera elétrica do coração vivo, pulsante, brilhante. É a alegria da alma que inspira e fortalece o indivíduo a enfrentar condições que ele não pode mudar.

A FELICIDADE VEM SEMPRE DE DENTRO. É CALMA E PAZ INTERIOR.

Felicidade não significa viver sob céus de sol perpétuo, onde dor, tristeza, doença, desejo, provação, fracasso e pobreza são banidos para sempre. Eles nunca podem ser banidos do mundo. Mas o espírito positivo, corajoso e agressivo que nos inspira na luta pela verdadeira felicidade é maior, mais profundo, mais forte e mais alto que tudo isso. Ele os domina quando eles aparecem, como um nadador robusto supera a onda ameaçadora. Ele reduz os atritos da vida, transforma sua amargura em doçura, suas dores em poder.

Os grandes invasores da felicidade humana não são as grandes provações e tristezas, mas a traição das pequenas preocupações, os erros e as injustiças desnecessárias do dia a dia, fabricados por nós mesmos ou legados a nós por aqueles ao nosso redor. Lutar pela felicidade os diminui em número e força. O amor nos dá aquele instinto rápido para uma visão mais refinada com que enxergamos possibilidades maravilhosas de felicidade para nós mesmos e para os outros, algo que nenhuma razão da mente poderia descobrir. O amor é o instinto do coração. O propósito, um objeto concentrado e consagrado na vida, contribui para a nossa felicidade e a dos outros.

Há apenas um minuto por dia quando o sol está em seu ponto mais alto e não projeta sombra. Em todos os outros momentos, quanto mais forte a luz do sol, mais intensa é a sombra. Há raros momentos fugazes em que o sol da nossa felicidade está em seu ponto mais alto; então, não há sombras. Vamos ver a luz do sol tão forte e concentrada em nossa vida que as sombras dificilmente nos incomodarão. Não vamos adiar a expectativa de felicidade para algum futuro grandioso, vamos encontrá-la dia a dia nas pequenas coisas da vida, como os filhos de Israel reuniam a cada dia o maná fresco que os alimentava.

OS CRIMES DE RESPEITABILIDADE

A RESPEITABILIDADE VESTE MANTOS BRANCOS DE SUPERIORIDADE e se orgulha de suas virtudes. Mantém-se dentro dos limites da lei humana e social, ainda que, muitas vezes, viole os códigos mais sutis da alma. Com a autossatisfação farisaica, afasta delicadamente suas vestes do contato com o crime. Instala-se, serena e autoproclamada, no assento do julgamento, distribuindo condenações severas àqueles que transgridem as leis humanas — os criminosos, os excluídos da sociedade.

Que a respeitabilidade, então, detenha-se por um instante para ouvir as acusações que lhe são dirigidas e, com serenidade, firmeza e honestidade, encare a questão e reconheça a justiça que há nela.

É preciso perceber como um fato absoluto que todos os atos de criminosos em qualquer cidade ou estado, por mais terríveis que sejam, causam apenas uma parte muito pequena do sofrimento da vida e afetam apenas uma pequena fração das pessoas, em comparação com os crimes de respeitabilidade. Devemos perceber que é do exército regular da respeitabilidade, e não de salteadores dispersos, que vem a maior tristeza da vida. Se aceitarmos e acreditarmos honestamente nessa verdade, teremos uma nova clareza, um impulso elevado e uma nobre inspiração para uma vida mais elevada e simples.

Se perguntássemos a mil ou um milhão de homens, descobriríamos que apenas uma pequena porcentagem deles já teve a vida manchada por atos criminosos ou, de fato, por quaisquer atos puníveis pela lei humana. Mas da cruel, desnecessária e impune fraqueza e injustiça da vida cotidiana, ninguém fica imune por muito tempo. Os crimes de respeitabilidade são fofoca, ciúme, inveja, palavras amargas, hipocrisia, escândalo, malícia, mesquinharias e injustiças persistentes, mentira, temperamento, julgamento duro e pouco caridoso, egoísmo, despeito, ingratidão, traição e vários outros.

A fofoca é um dos crimes populares que tem causado muito mais tristeza na vida do que o assassinato. É a embriaguez da língua; é o assassinato da reputação. Ela percorre uma gama covarde que vai desde a mera intrusão ignorante e impertinente na vida alheia até a calúnia maliciosa. Se os fatos não existem, ela os cria. Se os fatos são inocentes, de alguma forma os manipula em evidências de culpa. Na interpretação, ela sempre escolhe o pior de dois motivos possíveis. Ela se constitui em um tribunal secreto de inquisição que decide sobre o destino da vítima em sua ausência quando ela não tem chance de falar em causa própria. É uma conspiração do mal.

Aquele que ouve esse crime de respeitabilidade sem protestar é tão mau quanto aquele que fala. Uma voz forte e viril de protesto, de apelo à justiça, ordenando "Parem, por caridade!", poderia dedetizar uma sala de fofocas como um vento claro e cortante de inverno mata uma pestilência. Às vezes a fofoca não se limita apenas a palavras; há truques simples, mas sutis, silêncios e gestos, e em um momento a ação é realizada. Parece o sopro de uma daquelas rosas envenenadas dos Bórgia,[11] que matam e não deixam vestígios. Então uma reputação cai morta na estrada. A fé poderosa de alguém em outra pessoa desaparece para sempre. Alguém passa a percorrer seu caminho cansado, sozinho e em silêncio, com o sol do amor apagado de seu céu.

A FOFOCA É A EMBRIAGUEZ DA LÍNGUA; É O ASSASSINATO DA REPUTAÇÃO. SE OS FATOS NÃO EXISTEM, ELA CRIA.

Há uma engenhosidade satânica em citar parte de uma frase sem dizer por que ou como foi dita. Isso coloca um homem de honra em uma posição na qual ele não pode se explicar, porque não sabe o motivo. Esse

11 Referência a método de envenenamento utilizado pelos Bórgia. Família espanhola inescrupulosa e proeminente na vida eclesiástica e política dos séculos XV e XVI, os Bórgia elegeram dois Papas.

é o golpe de mestre da fofoca. Pode matar um grande amor em um instante sem dar chance para uma explicação capaz de expulsar o veneno da falta de fé — injustificada, se a verdade fosse conhecida. A felicidade de duas pessoas pode ser morta por esse silêncio mentiroso.

O ciúme tem uma centena de máscaras com as quais pode fazer seu trabalho mortal. Em inúmeras empresas, ele transforma a alegria do serviço honesto e fiel em um inferno sombrio de esforço sem esperança. Inferioridade, incompetência ou ambição egoísta e impotente tentam minar os melhores esforços dos outros. Por meio de histórias, intrigas mesquinhas, trapaças, imposições e todos aqueles outros pequenos instrumentos de guerra que compõem o arsenal das mentes pequenas, busca-se prejudicar os outros. O veneno do ciúme, autodestilado, envenena não só os outros, mas também a própria natureza de quem o cultiva. Eles invejam, mas não imitam. Se a energia gasta em ferir os outros fosse concentrada em esforços heroicos para melhorar a si mesmos, os resultados seriam muito diferentes para eles e para o mundo.

Há homens que usam distintivos tão alegremente como se fossem um rosa fresca na lapela. Gostam da respeitabilidade e do tratamento preferencial concedido a eles pela comunidade na forma de sorrisos, palavras alegres e cumprimentos agradáveis na caminhada matinal. Eles podem mostrar um lado diferente para a família. Podem exibir irritabilidade, impaciência e um temperamento explosivo e maldoso que perturba a casa dia após dia. Eles deixam um longo rastro de memórias amargas e injustiça irritante que se estende da mesa do café da manhã até a noite. Descarregam seu temperamento na família e nos funcionários inferiores que não podem reagir, mas nunca em um cliente ou associado comercial. Prudência, política e polidez proíbem. Eles têm clara consciência do limite, raramente o ultrapassam.

Quando o senhor da casa retorna, os membros da família levantam o olhar para avaliar seu humor, como um fazendeiro examina as nuvens para determinar como estará o tempo. A tristeza causada por bandidos profissionais que roubam coisas tangíveis é microscópica, em comparação com a miséria causada por amadores respeitáveis que roubam a felicidade de suas casas e escritórios apenas com seu temperamento.

Há em algumas comunidades mulheres de reputação impecável, de acordo com o padrão do mundo. Seu uniforme de respeitabilidade parece sempre recém-chegado da lavanderia. Aqueles que as conhecem melhor sabem que são limitadas e intolerantes, duras e pouco caridosas em seus julgamentos, implacáveis, egoístas e amargas. Sua influência é devastadora; elas transformam diariamente o Éden de alguém em deserto. Fazem murchar os impulsos generosos daqueles ao seu redor. Passam pela vida hipnotizadas por seu egoísmo, sem perceber que estão causando mais danos reais ao mundo do que aqueles cujos atos avaliam com profundo horror. O verdadeiro amor humano parece tão morto em seus corações, tão destituído de luz, calor ou brilho quanto as cinzas centenárias de Pompeia. Essas mulheres não são necessariamente hipócritas. Elas estão apenas dormindo, mergulhadas no sono da autossatisfação egoísta. É como se ninguém tivesse coragem de acordá-las com uma boa dose de conversa franca.

O VENENO DO CIÚME, AUTODESTILADO, ENVENENA NÃO SÓ OS OUTROS, MAS TAMBÉM A PRÓPRIA NATUREZA DE QUEM O CULTIVA.

Os males diários que tornam a vida difícil não são as grandes tristezas das quais, sob o toque curativo do tempo, podemos nos levantar mais doces, mais brandos e mais fortes para novamente enfrentar a vida com coragem. São a infinidade de ninharias irritantes, a injustiça cruelmente desnecessária, os erros absolutamente humanos da vida. É leviano se referir a eles como qualquer parte do plano divino. Esses erros são tão humanos quanto um par de sapatos, um relógio ou um automóvel.

Há egoísmo que anula os direitos dos outros. Há uma amargura na condenação implacável que não ouve argumentos, explicações ou motivos, que acredita porque viu, que dá crédito aos sentidos e aceita evidências circunstanciais como definitivas. Há avareza que mata de fome o que deveria alimentar. Há ingratidão que, traindo a gentileza que recebeu, seca por anos alguma fonte generosa de doação. Há uma hipocrisia disfarçada que envenena o amor e a amizade e deixa cicatrizes na memória, cauteriza e distorce o caráter. Esses são alguns dos crimes de respeitabilidade.

Uma grande parte dos males da vida é evitável; alguns pelo próprio indivíduo. Por que não os evitamos? O homem anseia por aprender os segredos do Infinito neste universo Dele, como se isso fosse mudar toda sua vida. Se ele não for fiel ao que sabe, não estará pronto para saber mais. Muitas pessoas são como uma criança que, ainda não tendo dominado a cartilha, anseiam por Shakespeare.

Diz-se que o homem foi feito à imagem de seu Criador. Alguns homens parecem estar tentando remover os rótulos e outras marcas de identificação. Se somos homens, com a dignidade de nossos poderes, privilégios e possibilidades, vamos apenas viver como homens. A vida não é algo para ser tolerada, é para ser vivida em todos os seus mais elevados significados e mensagens. Havia no exército de Alexandre, o Grande, um soldado que, embora carregasse o próprio nome do grande conquistador, no fundo era um covarde. Naquele poderoso exército, a covardia de qualquer soldado era o pior de todos os crimes; no entanto, para esse homem, ser um covarde era uma vergonha indizível. E Alexandre, com grande raiva, ordenou ao covarde: "Ou desista do meu nome ou siga meu exemplo". Viver de acordo com nossos privilégios significa viver de acordo com nosso nome, qualquer coisa menor significa fracasso.

Se por uma única semana em qualquer cidade cada indivíduo dissesse a cada manhã: "Hoje ninguém no mundo terá um segundo sequer obscurecido por qualquer ato meu" e vivesse de acordo com isso, essa cidade seria transformada e glorificada. Afinal, significaria apenas *bondade negativa.* Seria apenas evitar o mal, não uma vida real, ativa, positiva e de alto nível, dando nosso melhor e dessa forma aliviando o fardo da vida, os céus quase se abririam e se tornariam visíveis. Então, em uma atmosfera quente com o brilho radiante do amor e da fraternidade, quase poderíamos ouvir o leve farfalhar das asas dos anjos, anjos da paz introduzindo o milênio neste nosso mundo.

OTIMISMO QUE REALMENTE CONTA

Otimismo é a luz da alma expressa através da ação. É a religião verdadeira como um fato vivo e convincente, não uma mera teoria. É a confiança firme de que o certo deve triunfar unida à coragem incansável para fazê-lo triunfar. Otimismo é a melhor arma no arsenal do indivíduo. Ele unifica todas as virtudes inabaláveis de sua força em poder e inspiração. Significa lutar por ou com os batalhões do certo, do amor, da justiça e da verdade com determinação para vencer. O verdadeiro otimismo é algo mais que uma performance contínua de esperança. É a alegria de viver transformada em um fato real. Significa buscar o melhor, viver o melhor, fazer o melhor. Significa direcionar tudo o que há de mais elevado em nosso caráter para atender às condições.

Simplesmente pensar, esperar e confiar que, de alguma forma, em algum lugar, em algum momento, as coisas darão certo enquanto não fazemos nada para que deem certo é loucura, não otimismo. É uma filosofia preguiçosa para um dia abafado quando você está sonolento demais para pensar e realmente não se importa com o capricho do não pensar que brinca com sua mente. Nenhum agricultor fora das páginas de "As mil e uma noites" espera que a natureza semeie, fertilize e are seus campos para depois colher suas safras e colocá-las em seus celeiros sem nenhuma ajuda humana, exceto seu pensamento. A crença exagerada no efeito sobre-humano do pensamento como um poder direto é a loucura de muitos.

Esse descanso verdadeiramente confortável é apenas um sentimentalismo morno e perfumado. Embota a energia moral e enfraquece o propósito. É opiáceo, não otimismo. É apenas preguiça mental ou moral vestida com um manto de arco-íris de bonita confiança. Pode dar uma força fictícia e temporária ao caráter, mas sempre se revela como fraqueza em uma crise. É apenas um escudo de papel machê perfurado na primeira batalha com as duras realidades da vida.

Há um humor leve, alegre, borbulhante e despreocupado que ultrapassa as cercas baixas das preocupações com graça e elegância. Ele sorri despreocupado porque nunca viu problemas reais. Essa filosofia leve geralmente murcha ao primeiro toque de tristeza, pesar e perda reais, como um chapéu de palha castigado em uma tempestade repentina. Esse é um tipo de otimismo de jardim da infância que vê apenas o sol intocado pelas nuvens. O verdadeiro otimismo sabe que o sol está sempre brilhando, apesar das nuvens escuras e pesadas que podem encobri-lo. Ele sabe que a escuridão é sempre o arauto e o mensageiro do amanhecer, a nova iluminação e inspiração que chegará. O verdadeiro otimismo procura viver na luz do sol quando pode. Ele busca descansar sereno e confiante no resultado quando tudo parece escuro.

Verestchagin, o grande pintor russo, mandou construir um estúdio de vidro em sua casa perto de Paris. Ela girava sobre rodas, movida por uma corrente colocada perto de seu cavalete, e assim ele podia pintar o dia todo com a luz do sol iluminando seus modelos. Aquele que cultivou o otimismo para ser parte do verdadeiro equipamento do caráter se volta da mesma maneira constantemente para a luz da verdade, do amor e da gentileza e para o brilho crescente das coisas reais da vida.

A alegria faz muito bem; é estimulante, gentil e útil. Ela transmite uma mensagem alegre. Frequentemente impede que tristeza, preocupação e pesar profundo se tornem contagiosos. Essa alegria é doce quando natural; corajosa, forte e resistente quando determinada. A alegria é uma espécie de germicida das emoções; ela amortece o poder de ferir os outros e acalma o indivíduo. Mas a alegria em sua melhor e mais elevada versão não é otimismo. Ela nunca tem a plenitude, a completude livre, a finalidade, a profundidade do otimismo.

OTIMISMO É A LUZ DA ALMA EXPRESSA ATRAVÉS DA AÇÃO.

A alegria pode ser uma flor da qual o otimismo é a planta. A alegria pode ser riachos refrescantes dos quais o otimismo é a fonte. A alegria pode ser um sorriso no rosto; otimismo é o sorriso no coração quando alguém está lutando com mais ardor. A alegria pode ser a voz suave e borbulhante de um temperamento esperançoso ou uma disposição animada; otimismo é o tom claro, convincente e individual das profundezas mais refinadas do nosso caráter.

O otimismo procura descobrir os pontos positivos nos atos daqueles que nos cercam, deixar que suas pequenas fraquezas e falhas desapareçam no nada da sombra de nossa caridade. Ele busca enfatizar o que há de melhor neles, reconhecer, apelar a isso, chamar esse melhor à tona e desenvolvê-lo. Um sorriso, uma palavra de solidariedade, um toque de gentileza humana, um aperto de mão de camaradagem, um pouco de ternura inesperada, cortesia ou consideração realizam maravilhas. O otimismo verdadeiro distribui a luz do sol. Ele tem um poder mágico e saudável que nenhuma crítica ou reprovação teria para mudar os outros. O verdadeiro otimismo deve começar no pensamento. Ele deve ser real e vivo em palavras, atos e atmosfera. Ele não pode ser colocado como um verniz externo; é uma peça para plateia lotada, não uma performance privada.

O otimismo não pode prever o sofrimento que talvez nos atinja, mas podemos determinar com firmeza o efeito que deixaremos que ele tenha sobre nós. A tristeza chega em muitas formas, mas todos devemos "beber nossa taça"[12]. A mais amarga

12 Referência ao episódio de Mateus 26:39: "Indo um pouco mais adiante, prostrou-se com o rosto em terra e orou: 'Meu Pai, se for possível, afasta de mim este cálice; contudo, não seja como eu quero, mas sim como tu queres'".

de todas as taças de tristeza vem da mão que nunca deveria ser aquela a aproximá-la de nossos lábios, ou é uma taça que nos causa agonia por não podermos salvar o outro dela. Há a taça do estribo da despedida, quando conduzimos nosso cavalo para longe da hospedaria de nossa esperança para nunca mais voltar. A taça da quassia[13] se torna ainda mais amarga na lembrança.

A taça do amor, quando tocada por lábios levianos e passada para nós, pode mais tarde conter uma nota de traição que talvez não sejamos capazes de entender corretamente até que seja tarde demais. Há a taça da consolação, que mãos gentis aproximam com suavidade de lábios febris. Existe a taça maior de um supremo e último pesar, como aquela ofertada ao grande Otimista do Calvário, que "não poderia recusar". Esses são apenas alguns tipos de taças da vida. Deveríamos bebê-las — se for necessário — como Sócrates corajosamente bebeu sua cicuta envenenada, abandonando com ela, de maneira valente, um mundo indigno de sua nobre vida.

O homem otimista deve ser o mais gentil ao criticar os outros e jamais tocar com a mão do julgamento severo a ferida aberta da tristeza alheia de outra pessoa. De maneira aguçada, vívida, com a consciência pessoal de provações, cuidados, tristeza, fome, solidão e sofrimento, ele sabe quantas vezes falhou e lutou até finalmente encontrar seu caminho de volta à luz do sol. O otimista acredita que há uma reserva de força no homem

13 Planta medicinal (*Quassia amara* L.), de sabor amargo, também conhecida como pau-amargo, utilizada para problemas de estômago, infecções e inflamações.

que traz uma nova inspiração repentina para suportar ou dominar, como a chegada inesperada de novos alimentos ou tropas em uma situação de cerco.

O otimista, com coragem renovada em seu coração, com uma nova determinação na mente e lágrimas rebeldes brilhando nos olhos em segredo pode se elevar sobre todos os ataques injustos. Ele pode aceitar a dor desnecessária sem cinismo, enfrentar a traição sem pensar em vingança, pode ter que enfrentar cara a cara uma decepção cruel sem vacilar e ainda sair vitorioso e melhor, embora vencido no que era mais caro, a esperança e o céu de sua vida.

O OTIMISMO VÊ ROSAS NA VIDA PORQUE AS ESTÁ PROCURANDO; RECEBE AMOR PORQUE O ESTÁ EXALANDO.

O otimismo percebe que a vida é maior que qualquer batalha. A verdadeira alma não tem um Waterloo decisivo; ela tem apenas a última derrota, ensinando por que falhou e como pode vencer o próximo conflito. É possível que em uma derrota haja uma vitória despercebida, uma nova revelação de um poder latente, um brilho e a vibração de coragem renovada. Isso pode nos alcançar enquanto as notas da trombeta do triunfo do inimigo ainda ecoam em nossos ouvidos, seus gritos de vitória ainda nos contam sobre o prêmio que perdemos e os sorrisos de conquista mal desapareceram de seus olhos e lábios. Muitas derrotas aparentes podem nos forçar a recuar para terrenos mais altos, onde podemos permanecer em uma formação mais forte, novamente entrincheirados e inspirados para lutar mais que nunca.

Com o verdadeiro otimismo, podemos enfrentar a pobreza sem permitir que ela nos endureça, podemos enfrentar a provação e a tristeza e permanecer calmos e despreocupados, esperar com coragem quando não vemos o caminho a seguir. Podemos deixar o brilho do otimismo aquecer nossa alma de tal forma que permanecemos simples, fortes, sinceros e imperturbáveis, apesar do ambiente. Assim, superamos condições adversas, tornando-as impotentes para nos prejudicar quando não somos capazes de mudá-las. O otimismo é a armadura de almas corajosas que lutam contra as circunstâncias e nunca se rendem à dominação do lado mais sombrio da vida que ousa assombrá-las.

O otimismo que conta não deixa o indivíduo aceitar quaisquer pensamentos que possam surgir. É um poder que o capacita, até certo ponto, a selecionar os próprios pensamentos, estimular e incentivar aqueles que aumentam sua força, que são asas para seu propósito, que emocionam sua energia com uma nova consciência de poder. Ele assume o controle sobre as memórias que tiram o sorriso de seu rosto, a força de sua mente e a alegria de seu coração. O otimismo inspira um homem a reduzir todos os efeitos depressivos ao mínimo, a aumentar a resistência ao máximo, a eliminar o atrito da preocupação e do arrependimento inútil. Eles aumentam a fraqueza, minimizam a força. O otimismo não tem utilidade para eles.

Nunca facilitamos as circunstâncias dizendo a nós mesmos quanto nossos problemas são terríveis; alimentando nossas tristezas por medo de que elas morram de morte natural, ou intensificando cada elemento de dor. O otimismo que vale alguma coisa faz uma pessoa sorrir diante de problemas que colocariam outra completamente fora da disputa. Ele encontra alegria porque é treinado para ver seu menor brilho, assim como os olhos de um mineiro são rápidos para reconhecer o menor grão de ouro em sua panela.

O otimismo vê rosas na vida porque as está procurando; recebe amor porque o está exalando. Ele esquece as tristezas ao contar mais uma vez as bênçãos. Ele torna a vida mais verdadeira, mais elevada e melhor para si mesmo ao torná-la mais ensolarada para os outros. Este é o otimismo que conta.

O PODER DO PROPÓSITO INDIVIDUAL

O PROPÓSITO DÁ UM NOVO IMPULSO, UM NOVO ÍMPETO, UMA nova interpretação para a vida. O propósito é a espinha dorsal de uma vida de coragem. Ele mostra que a maior justificativa para viver é alguma forma de amor. Pode ser por uma causa, um país, um ideal, uma família ou um indivíduo. O propósito significa nossa superioridade sobre as circunstâncias, o domínio sobre nós mesmos, a dedicação a algo maior que nós, lutar pelo certo e lutar até o fim. Se pudéssemos seguir um grande propósito em seus voos mais altos, poderíamos encontrar seu ninho de inspiração no coração de alguém de quem o mundo nada sabia.

O propósito faz do homem seu próprio segundo criador e, por meio dele, o homem pode fazer de si mesmo o que quiser, em grande parte. Pode escolher o próprio reino: ele pode viver contente na lama dos desejos mais baixos como um lagarto, ou voar alto com ousadia no ar puro, inspirador e revigorante dos ideais nobres como uma águia reivindicando os topos das montanhas.

Se o objetivo for baixo, mesquinho e egoísta, trazendo à tona tudo o que é fraqueza em nossa natureza, uma ambição que trai seu método nas coisas desprezíveis adotadas para alcançá-lo, ele é indigno de nossa coroa da individualidade.

O propósito baixo nos torna especialistas em sofismas mesquinhos; ele mata a doçura e a gentileza naturais; eleva a temperatura moral ao calor febril da indiferença e diminui a vitalidade de toda nossa vida superior. Esse não é o propósito do qual falamos; é individualidade barata, não a de valor, como deveríamos considerá-la.

O propósito transforma o homem em alguém que busca alguma coisa. Ele parece crescer diante de nossos olhos no esforço para alcançar algum ideal e se apoderar dele — embora possa nos parecer inatingível —, quando a inspiração e o brilho da luta significam mais para ele do que até mesmo a coroa da vitória. O propósito é uma concentração consciente e contínua para atingir um fim. Antes que se possa ser maior, deve haver união e unidade, corpo, mente, coração e alma agindo juntos,

O PROPÓSITO SIGNIFICA NOSSA SUPERIORIDADE SOBRE AS CIRCUNSTÂNCIAS, O DOMÍNIO SOBRE NÓS MESMOS.

como a essência de muitas flores pode ser fundida em um único perfume.

Para muitos, o propósito dos grandes homens do mundo pode ser impossível nas condições atuais. Podemos estar presos a deveres, preocupações, fardos, o problema da vida diária que dificulta grandes feitos. Mas todos nós podemos ter um propósito e devemos tê-lo e viver para ele da melhor maneira. No fim, seremos julgados não por realizações, mas pelos ideais e motivos que as inspiraram. Há um propósito pelo qual ninguém é humilde demais para viver. É a "fidelidade nas pequenas coisas". Ele pode ser apenas um novo ímpeto de lealdade, confiança e vigilância em nossos deveres diários.

Os empregadores têm grande dificuldade para encontrar essa fidelidade nas pequenas coisas. Muitos que são pagos por seu serviço trabalham apenas quando vigiados. Eles são apáticos, preguiçosos e lerdos — exceto quando estão de folga. Recebem instruções repetidas sobre como determinado trabalho simples deve ser feito com uma desatenção que é indiferente, imprudente e impertinente. Eles se esquecem de tudo, exceto de alguma bobagem de interesse pessoal; isso está tatuado na memória. Desmoronam sob a menor pressão de responsabilidade, como um homem embriagado encostado em um poste imaginário. Eles são um amontoado de desculpas quando suas falhas, fraquezas ou carências estão em discussão.

Trabalhadores como esses pretendem apenas receber o máximo de remuneração pelo mínimo de energia mental ou física. Eles se perguntam por que algum outro empregado é mantido ou promovido, quando têm certeza de que trabalharam tanto quanto ele todos os dias. Eles se esquecem de que não trabalharam com a mesma amplitude e profundidade, ignoram essas duas outras dimensões. O que faz a diferença é o bônus do propósito de fazer o melhor diariamente com um aumento constante de capacidade. Isso pode mudar a vida de um indivíduo e inspirar um propósito cada vez maior.

A superação de uma fraqueza de caráter, a aquisição de um novo idioma, um esforço concentrado para ser de alguma forma mais útil aos outros, para provar estar à altura das nossas possibilidades à medida que elas crescem progressivamente conforme são alcançadas — essas coisas podem ser apenas propósitos num sentido limitado. O propósito une os dias isolados da vida com o fio da continuidade, como contas espalhadas são transformadas em um colar pelo fio dourado que as atravessa. A mãe pode fazer até mesmo do cuidado com a casa e a família um propósito real, se colocar em suas tarefas o melhor que há nela, sempre percebendo que tem sua coroa de individualidade, da qual nunca deve se esquecer.

Muitos homens de posição, poder, riqueza e oportunidade estão à deriva. Eles não dominam seu caminho, são apenas vítimas da correnteza. Vivem, mas não têm um propósito definido de vida. De maneira fácil, descuidada e livre, são levados pelas marés da vida, sem nenhuma autoconsciência de que estão à deriva. Alguns não causam nenhum mal definido, mas também nenhum bem real. Se fizessem algum grande mal ou caíssem sob alguma grande tristeza ou provação, isso poderia ser seu despertar para a constatação, o choque que alertaria a consciência para sua falta de propósito. O homem não vaga para o bem como se esse fosse o porto casual de uma viagem sem rumo. Precisa lutar sempre por seu destino, estar pronto para a batalha com calma e coragem constante, contra a névoa, a escuridão, os ventos adversos e os perigos que deveriam apenas inspirar um esforço maior.

O PROPÓSITO É A ESPINHA DORSAL DE UMA VIDA DE CORAGEM.

Dificilmente há no mar algum perigo mais temido pelos marinheiros do que um barco abandonado. Ele não carrega luzes na proa ou na popa, nenhum passageiro, nenhum leme, nenhum piloto, nenhuma tripulação. Não se destina a lugar nenhum, não leva carga para nenhum porto. Desamparado, é uma ameaça para todos os outros. Os abandonados humanos são aqueles ignorados pelos outros como uma causa perdida, mas eles foram antes abandonados por si mesmos. A falta de um propósito real definido é o caminho para a deriva, a deserção e o abandono.

Na busca pelo sucesso material, pode ser necessário se agarrar a um degrau baixo da escada; mas na escada do propósito, comece pelo degrau mais alto que sua mão estendida pode agarrar e segure-o até chegar ao seguinte. O propósito tira o homem da orquestra da vida e o coloca no palco da ação real. Ele o torna parte do espetáculo, não um mero espectador. Dá a ele um papel real para desempenhar, um papel que não poderia ser de nenhum outro no grande drama da humanidade.

O importante na vida não é realizar um propósito, mas lutar por ele. Se sentimos as possibilidades de uma grande obra pairando diante de nós e nos impelindo à ação, é nosso dever nos dedicar a ela. O fracasso em uma grande obra é mais nobre do que o sucesso em uma conquista mesquinha que está abaixo do nosso potencial máximo. Não temos nada a ver com resultados — eles não nos pertencem, de qualquer forma. Nosso dever é fazer o melhor com bravura e depois descansar no conforto desse fato. Mas seja trabalho grande ou pequeno, que tenhamos um propósito real na vida e lutemos por ele sem temor até o fim.

O propósito deve estar acima e além de nós, como a estrela polar que guia e inspira a bússola do marinheiro. O mundo precisa, mais do que talento, gênio, riqueza ou poder, de homens de propósito simples e sincero, homens consagrados à vida diária na iluminação inspiradora de um ideal; homens que fazem cada dia valer para algo real, que enfrentam o pôr do sol de cada dia com novas colheitas de boas coisas para aqueles à sua volta e para o mundo.

Ser bom, apenas bom de um jeito pálido, anêmico e temperamental não é suficiente. Se o mundo não é melhor diariamente porque vivemos nele, se o pequeno círculo daqueles à nossa volta não é iluminado, fortalecido, incentivado, ajudado e de alguma forma tornado mais feliz por nosso esforço direto em nossa vida consciente, não somos fiéis ao propósito ou às possibilidades. Não podemos ser todos Lincoln[14] e salvar uma nação, mas podemos colocar o espírito de Lincoln em cada pequena coisa em nossa vida, sua simplicidade, coragem, gentileza, amor, consagração, justiça. O maior bem para o mundo não é o poder magnífico de alguns grandes homens manifestando-o em escala colossal, mas essas mesmas qualidades de uma forma menor e mais humilde, manifestadas em milhões de vidas simples e desconhecidas ao redor do mundo.

14 Abraham Lincoln (1809-1865), 16° presidente dos Estados Unidos. Responsável por preservar a integridade territorial do país devido à sua liderança durante a Guerra Civil Americana.

QUANDO ESQUECEMOS O PATRIMÔNIO

A VIDA SE TORNA MUITO MAIS SIMPLES QUANDO NOS APOIAMOS numa base de interpretação mais verdadeira. Perdemos grande parte da verdadeira alegria de viver por causa da nossa visão unilateral. Acusamos a natureza de fazer distinções injustas. Imaginamos que ela nos reservou todos os bancos duros, enquanto oferece aos outros lugares de honra, com almofadas macias em abundância. Achamos que ela espalha rosas no caminho de uns, enquanto para nós, trabalha em tempo extra recolhendo espinhos. Parece que ela nos envia as grandes dores reais e entrega aos nossos vizinhos do outro lado da rua apenas pequenas aflições, embaladas como doces em caixas perfumadas e enfeitadas com laços.

Esquecemos que conhecemos apenas parte de sua provação ou tristeza, nunca tudo. Esquecemos que, mesmo conhecendo todos os nossos problemas, não reconhecemos todo o bem de que poderíamos desfrutar, se quiséssemos, as coisas queridas e despercebidas que deveriam diminuir muito nossa dor. Esquecemos o patrimônio.

Nos negócios, o patrimônio é o valor líquido de uma casa ou outra propriedade, descontadas todas as hipotecas ou reivindicações contra ela. Em um balanço contábil, você tem um patrimônio se o valor do que lhe é devido é maior do que o valor que você deve.

Dois homens podem ter todos os seus bens resumidos à propriedade de duas casas, uma de cada um. Aquele que tem uma casa de três mil dólares livre de dívidas pode invejar o dono da casa de dez mil dólares ao lado, sem saber que ela tem uma hipoteca de oito mil dólares que reduz o patrimônio desse homem a dois mil dólares. O dono da casa pequena é o mais rico dos dois homens. O patrimônio é a prova disso. A filosofia do patrimônio ilumina muitos dos maiores problemas da vida. Pode suavizar a dor e adoçar nossa vida ao mostrar como o patrimônio intensifica o otimismo. O reconhecimento do patrimônio nos ajuda a preservar a coroa de individualidade.

Sob a aparente injustiça da vida, a natureza está buscando constantemente equidade, equilíbrio, justiça. A natureza faz a contabilidade com o indivíduo. Sua justiça não consiste no débito ou crédito de seu livro-caixa, mas na diferença, o líquido, o saldo, o patrimônio. O que nos parece injustiça é, na verdade, muitas vezes, apenas nosso olhar limitado a um lado da conta, excluindo o outro. Exageramos nossas tristezas para que elas encubram nossas alegrias. Somos injustos com o que temos ao ansiar pelo que não temos; fazemos de nossos desejos insatisfeitos, não de nossas posses, o teste da felicidade.

Às vezes, com um suspiro nos lábios e um soluço na garganta, encaramos a vida com uma revolta entorpecida. Estamos tão vividamente conscientes do que temos que suportar que podemos esquecer a razão para a felicidade. Nossas tristezas, vistas pela lente de aumento do desânimo, pairam diante de nós. As alegrias avaliadas pela lente redutora do desejo insatisfeito se reduzem a quase nada. Permitimos que o que nos falta envenene as águas do que temos. Esquecemos o patrimônio. Esquecemos a grande, clara e ampla porção de felicidade líquida que ainda nos resta. A hipoteca da preocupação, da tristeza e da responsabilidade nos cega para as posses reais.

Há momentos em que alguma aflição, alguma doença nos mantém sob pressão mortal. A dor parece maior do que é suportável. Parece injusta, difícil de aguentar. Ela estraga nossa vida; perturba a doçura simples do que há de melhor em nossa natureza; nos mantém sempre escravos do terrível feitiço de sua presença ou da tirania sombria do medo de sua recorrência. Às vezes nos torna amargos e injustos. Mas nos momentos de alívio temporário, a maré de coragem, amor, gentileza e ternura flui forte como sempre, muito séria no alto-mar do desejo do nosso coração.

A VIDA TORNA-SE MARAVILHOSA E SIMPLES COM UMA INTERPRETAÇÃO MAIS VERDADEIRA.

Se pudermos nos lembrar do patrimônio, tornamos um pouco mais fácil este leito de dor.

Podemos encontrar no pensamento alegrias que acalmam a dor. Podemos ver que nosso lugar na vida foi um pouco suavizado pelas lutas do passado, alguma boa sorte pode aumentar o patrimônio; o toque de alguma amizade inspiradora pode nos incentivar a uma nova coragem. Percebemos que, por causa da nossa doença, nas voltas do tempo, a embarcação de alguma grande alegria navegou até nós pelo longo rio da tristeza e ancorou em nosso coração.

Podemos invejar a fama, fortuna ou prosperidade de outro, desconhecendo as hipotecas de preocupação, responsabilidade, concorrência e inquietação que reduzem a realidade do que ele tem. Talvez não estejamos dispostos a pagar uma pequena porcentagem do preço que isso custou a ele. Sua felicidade líquida pode ser realmente menor do que a nossa.

Um homem de negócios pode passar por tempos terríveis de estresse e tempestade, tentando arduamente manter a bandeira da esperança sempre hasteada, observando cuidadosamente as rochas da desconfiança financeira, pagamentos atrasados e esforço heroico para levar seu navio de empreendimento ao porto em segurança. Os funcionários, que deixam a empresa ao toque do sinal, podem ir para casa e abandonar todo pensamento sobre o trabalho. Eles olham com inveja, talvez, para posição fácil desse homem, sem saber nada de sua constante batalha. Eles gostam da propriedade, esquecem suas hipotecas de preocupação e responsabilidade e ignoram a simpatia, o melhor serviço e a lealdade que entregariam, se percebessem o patrimônio.

Aqueles que não têm filhos sentem que eles são a única coisa que falta para a felicidade. Aqueles que os têm talvez se concentrem nas dificuldades para alimentar, cuidar e educar.

Um pode colocar muita ênfase na perda, o outro, na responsabilidade. Ambos podem esquecer o patrimônio.

O RECONHECIMENTO DO PATRIMÔNIO NOS AJUDA A PRESERVAR A COROA DA INDIVIDUALIDADE.

Uma importante razão para grande parte de nossa tristeza e miséria construídas é que medimos nossa vida pelo que julgamos na dos outros, não pela avaliação verdadeira da nossa. A vida, em seu sentido mais elevado, não é uma competição com os outros, mas sim consigo mesmo. Você já se sentou no trem local e sentiu que estava indo bem? De repente, o expresso passa zunindo, com pressa e rugindo, na mesma direção em uma linha paralela. Enquanto você observa esse trem, tem a impressão de que o seu não só não faz nenhum progresso, mas recua rapidamente pelos trilhos, se aproximando mais de seu ponto de partida. Quando o expresso desaparece, você compreende que seu trem estava avançando o tempo todo. Claro que sabemos que isso é apenas uma ilusão. Na vida diária, cometemos erros semelhantes que dão vida às nossas tristezas e colocam a felicidade para dormir um sono inquieto e acordar com os olhos úmidos ao amanhecer, porque esquecemos o patrimônio.

Se realmente temos muito a enfrentar, nossa atitude está tornando esse enfrentamento mais difícil. Está diminuindo nosso poder sobre as circunstâncias, enquanto o poder delas sobre nós aumenta. Deixe uma brisa fresca, clara e revigorante de otimismo e coragem soprar na alma. Vamos esquecer nossas tristezas ao lembrar nossas alegrias; diminuir a dor ao perceber que nossa imaginação a está aumentando. Vamos nos lembrar do patrimônio, das grandes possibilidades, dos poderes e posses que ainda nos restam para o nosso bem e o do mundo. Se mesmo assim parecer pouco, junte grandes punhados de esperança, propósito, confiança, determinação, coragem. Vamos fazer com que tudo pareça maior — até que realmente se torne maior.

Temos a propensão para tratar toda felicidade, todo sucesso e a luz do sol como se fossem nossos por direito, algo que ganhamos de alguma forma simplesmente vindo ao mundo e aceitando viver aqui, enquanto provação, tristeza e dor parecem uma invasão injusta de nossos direitos individuais. A posse do bem que seria a alegria suprema de um pode ser o estorvo inútil ou o último golpe de desespero para outro. Esquecemos o patrimônio quando julgamos nós mesmos; e o esquecemos quando julgamos os outros.

Em nossa contabilidade nos negócios, não deixamos que o débito de cem dólares de alguém liquide seu crédito de mil dólares; entendemos que o homem ainda tem um patrimônio de novecentos dólares, que ele ainda tem um crédito nesse valor. Por que não deixamos que a mesma justiça se aplique aos atos das outras pessoas?

O amigo que foi gentil e generoso conosco por anos, que ficou bravamente ao nosso lado em horas de escuridão, cuja mão nos amparou em uma crise, que deveria ter muitos pontos dourados de crédito na memória, pode se mostrar fraco, pode nos ofender, pode até nos abandonar. Magoados, podemos deixar que o ato de um momento neutralize os anos de constância, verdade e lealdade e um débito cancele em um instante uma longa conta de créditos. Tornamos isso mais difícil para ele, mais difícil para nós, esquecendo o patrimônio, negligenciando a margem de crédito que ainda resta ao amigo. Um pouco de paciência, um pouco de tolerância, um pouco de espera e observação generosas antes de pronunciar o julgamento final podem fazer maravilhas neste mundo de desconfiança.

Um homem na vida pública pode ter lutado durante anos pela consagração ao propósito, pela lealdade ao princípio, pela adesão fiel ao dever e, finalmente, alcançado o auge da fama. O mundo o respeita; sua vida é considerada um exemplo, uma inspiração para os jovens, uma fonte de orgulho para todos. Mas esse homem pode fazer uma coisa perversa, e o mundo se surpreende com a descoberta. A sociedade diz: "Agora ele foi desmascarado; agora conhecemos seu verdadeiro caráter!" Um ato maligno se torna característico de uma vida inteira. Um ato maligno encobre todo o bem de anos de serviço fiel.

A sociedade alguma vez faz de um ato bom a expressão de um caráter? Ela alguma vez deixou um ato bom varrer como uma maré poderosa uma vida de perversidades e enterrá-la para sempre, longe da vista e da memória? O caráter desse homem pode não ter sido escondido. Pode ter havido uma tentação repentina quando a mente estava cansada, a esperança fraca e o corpo desgastado, cada sentinela contra o pecado adormecida por um tempo, e a vitória foi fácil. Sob o poder convincente de um ato cometido uma vez, moralmente atordoado, ele pode ter se envolvido ainda mais, fazendo o que podia, não o que deveria. O ato foi errado. Foi uma grande hipoteca sombria sobre uma vida; mas o patrimônio, a justiça do equilíbrio do bem é dele, e erramos nos esquecendo disso.

A VIDA, EM SEU SENTIDO MAIS ELEVADO, NÃO É UMA COMPETIÇÃO COM OS OUTROS, MAS SIM CONSIGO MESMO.

Poetas, pregadores e professores deleitam-se em dizer que o caráter é uma estrutura poderosa, montada bloco por bloco, que pode ser arruinada em um instante, desmoronar no pó e no caos por causa de um malfeito. Não é assim, isso é cruelmente injusto, falso. O caráter não pode ser morto em um instante, é apenas a reputação que pode ser destruída por um ato. Grandes ações individuais não fazem o caráter, grandes malfeitos individuais não podem arruiná-lo. O caráter é construído de coisas pequenas. O verdadeiro teste é o patrimônio, o equilíbrio do bem sobre o mal.

Pode ser que o Infinito finalmente nos julgue assim; que Ele não considere nenhum ato sombrio como um resumo de toda a nossa vida; que Ele nos julgue por nosso patrimônio, permitindo que bons impulsos, motivos elevados, fidelidade em pequenas coisas, altruísmo verdadeiro, amor fraternal, gentileza e ideais exaltados equilibrem, compensem e neutralizem muitos atos de nossa fraqueza humana, assim como nós — em nosso pobre reconhecimento humano da justiça — permitimos um pagamento parcial informal para cancelar parte de uma dívida.

FUGINDO DA VIDA

PARA LUTAR AS BATALHAS DA VIDA, É PRECISO MANTER-SE perto da linha de fogo. Dor, tristeza, ansiedade ou problemas devem ser combatidos de perto. Eles não podem ser evitados, ignorados ou abandonados. Devemos vencê-los ou eles nos vencerão. Temos que encará-los diretamente e lutar contra eles até o fim. Recuar significa adiar a batalha até que estejamos mais fracos, não mais fortes. É fugir de si mesmo, fugir da vida. É tão tolo quanto tentar evitar o ar.

Milhares de pessoas hoje fogem da vida para escapar de alguma dor mental ou emocional. Tentam fugir pelo caminho da diversão, distração, viagens e mudança de cenário. Elas não procuram nova sabedoria para curar uma ferida, nem força renovada para suportá-la, mas apenas alguma maneira de amortecer a dor. Não estão em busca de paz, mas de esquecimento temporário; não de autodomínio, mas de autoesquecimento. Usam a cocaína emocional, que, como todas as drogas poderosas, tem um efeito perigoso.

O motor mais rápido do mundo não pode nos levar para longe de uma tristeza que mantém nosso próprio coração preso entre seus dedos. Não importa com que rapidez avançamos e ultrapassamos marcos, não podemos escapar da dor. Ela está junto de nós e encobre todas as belezas da vida e da natureza à nossa volta com sua nota insistente e maçante.

A magia da música pode nos levar para fora de nós mesmos, pode encher o coração com descanso, calma e paz temporários, silenciar a voz de um dever abandonado ou de uma lembrança que não foi superada, mas, a menos que a música nos inspire com o vinho de um novo propósito, com a coragem vital e propulsora para agir como deveríamos, ela é só cocaína musical. E quando caminhamos pelas ruas de volta para casa, a dor recomeça como se o próprio alívio a tivesse feito querer se vingar de nosso esquecimento.

Se pudéssemos guardar as preocupações e ansiedades, aqueles diabinhos inquietos que se alimentam de nossa felicidade e matam a alma de fome, antes de partirmos para uma viagem, a mudança de cenário poderia ter um valor real para nós. Poderia ser um fortalecimento físico, um refresco mental e um renascimento moral. Mas se nossas preocupações vão acampar em nosso chalé à noite e nos manter acordados para ouvir o que elas nos dizem, e se vão andar pelo convés conosco durante o dia, elas provam que fugir foi um voo inútil, não uma luta corajosa.

Se elas se agigantam tanto diante de nós que bloqueiam a vista dos Alpes e escurecem os céus da ensolarada Espanha, ora, então percebemos que não estamos lutando, mas apenas levando a mesma velha tristeza em uma viagem pela Europa, onde apenas o cenário é alterado enquanto o elenco de emoções é o mesmo.

PARA LUTAR AS BATALHAS DA VIDA, É PRECISO MANTER-SE PERTO DA LINHA DE FOGO.

Lutamos constantemente contra os moinhos de vento da distração, deixando a verdadeira batalha no campo da alma sem luta. Cansamos dos amigos que estiveram perto de nós e que desqualificamos porque ou *falavam* sobre nossa tristeza ou *não falavam* e vamos em busca de conhecidos ou meios amigos da safra de cinco anos atrás e tentamos frequentar a sociedade. Esse é só mais um tipo de cocaína.

Enganamo-nos imaginando que seis noites por semana em trajes de gala podem banir a tristeza ou sufocar nossa dor secreta. Mas qual é a utilidade de tudo isso se, quando as roupas de noite são despidas, nos encontramos ainda na camisa de força de memórias que daríamos qualquer coisa no mundo para apagar para sempre? A dor intensificada parece ainda maior quando comparamos nosso sofrimento com a felicidade dos outros. Como sabemos que eles também não estão usando camisas de força?

Nós nos tornamos hipersensíveis. Uma palavra inocente e casual pode, em um instante, atiçar as brasas de uma dor não dominada. Algum incidente comum e simples pode fazer subir repentinamente o rio de uma emoção adormecida que quase inunde a alma. Por alguma perturbação elétrica sutil no escritório central do cérebro, mil chamadas de diferentes novas impressões podem sucessivamente tocar a campainha da única memória dominante que nos assombra.

Devemos simplesmente largar essas drogas pessoais, parar de fugir da vida e travar a batalha sozinhos, se for preciso, até nos levantarmos santificados, adoçados e fortalecidos, vencedores no campo da aparente derrota. Cada um de nós tem os próprios inimigos especiais que poderiam tirar nossa coroa da individualidade.

Esses são os momentos em que devemos nos aquietar por um tempo, nos orientar pelos sinais e enfrentar e lutar a vida como ela se apresenta. Alguns dizem que a mudança de cenário acalma, entorpece, cura. Não, a natureza pode nos ajudar a esquecer com o tempo, mas geralmente só coloca nossa dor ou provação para dormir, se ela não foi dominada. Muitas vezes ficamos com cicatrizes, ideais mortos, arrependimento terrível. Não estamos calmos, mas paralisados em certas emoções. Estamos enfraquecidos; perdemos a força potencial de uma vitória que tornaria toda dor futura mais fácil de suportar por causa de um caráter mais refinado, confiança e coragem.

Ao avaliar nossos problemas, vejamos primeiro se eles são realmente tão grandes quanto parecem. Muitas vezes ouvimos pequenas preocupações por meio do microfone do medo, pelo qual o passo de algumas moscas é amplificado até ecoar como os cascos de uma cavalaria sobre uma ponte de madeira. Existem inquietações mesquinhas que deveríamos ter vergonha de notar. Algumas não são maiores do que uma gota de orvalho que o calor de alguns segundos de pensamento claro deveria dissipar. Mas as colocamos sob o microscópio da nossa ansiedade, até que um micróbio pareça tão grande quanto um monstro pré-histórico. Trate-os como se fossem meros mosquitos do destino tentando irritar a Esfinge. Aprenda a olhar esses problemas diretamente nos olhos, sorrir corajosamente, manter a calma e dizer a eles: "Você nem sequer me tocou".

Há uma grande tristeza na vida que carrega uma sacralidade que não se pode tocar de maneira irreverente e leviana. É o sacrifício que temos que fazer no altar do amor. O amor, de alguma forma, é a maior coisa na vida, as outras são substitutas. A hora mais triste é a da perda de alguém que amamos. É amargamente difícil quando o ente querido ainda vive, mas é separado de nós para sempre por mal-entendidos, injustiças, loucuras, porque o amor esfriou. Há aquela outra perda, quando o ser amado nos deixa pelo silêncio eterno.

A morte do amor transmuta toda luz de alegrias passadas em agonias de memória que se comparam à morte em vida. A morte do ente querido, com o amor ainda forte, coroa a vida em comum e torna as alegrias passadas doces, serenas e calmantes na santidade da memória. A primeira encobre gradualmente a lembrança das alegrias; a segunda, as memórias das tristezas, intensificando a doçura da felicidade lembrada. Em qualquer

NÃO IMPORTA COM QUE RAPIDEZ AVANÇAMOS E ULTRAPASSAMOS MARCOS, NÃO PODEMOS ESCAPAR DA DOR.

forma, fala de nossa tristeza suprema, da tomada da última fortaleza de nossa coragem.

Há uma forma de distração que não é fugir da vida. É procurar se interessar sinceramente pela vida diária dos outros, tornar-se mais altruísta, incentivar outras pessoas, permanecer firme ao lado dos necessitados, distribuir a toda humanidade como administrador do nosso patrimônio de amor em atos de alegria, constância, ajuda, consolo, gentileza e consideração.

Sintamos, em cada tristeza, que há algo dentro de nós, um espírito divino que se eleva a tudo mais na vida, algo imperecível, imperturbável, inexpugnável, algo que não pode ser manchado, como um raio de sol vindo do coração do sol.

Vamos lutar, lutar com a certeza de adquirir um eu maior e melhor. Nem sempre podemos fugir do lado mais sombrio da vida, mas podemos determinar que efeito permitiremos que ele tenha sobre nós. Vamos lutar como Jacó enfrentando o anjo e dizer: "Não te deixarei ir a menos que me abençoes". E o anjo da tristeza sempre nos abençoa se lutarmos corretamente. De alguma forma, em algum lugar, em algum momento, a tristeza superada é transformada em força mais intensa, solidariedade mais ampla, amizades testadas, tolerância mais gentil, maior caridade e uma visão mais verdadeira das realidades da vida.

Se a tristeza for inevitável, devemos suportá-la com coragem para que possamos suportá-la com mais facilidade. Se conseguirmos salvar a esperança dos destroços do fracasso, reduziremos a perda. Muitas vezes, sacrificar o orgulho traz de volta toda a antiga felicidade. Lutar ajuda; fugir, nunca. Nosso ambiente é a radiação ampla de nossa individualidade, nunca podemos realmente abandoná-lo. Fugir da vida é apenas um álibi inútil do covarde.

O VALE ESCURO DA PROSPERIDADE

O GRANDE TESTE DO CARÁTER INDIVIDUAL NÃO É A LUTA, MAS a realização; não o fracasso, mas o sucesso; não a adversidade, mas a prosperidade. Quando a natureza quer submeter um homem ao grande teste, ela o aproxima de suas coroas de louros da vitória; amplifica para ele os aplausos do mundo pelo sucesso; exibe pilhas de recortes de jornais e artigos de revistas com seus retratos; faz tilintar em seus ouvidos bolsas de dinheiro e conta confidencialmente sobre como sua influência pode provocar mudança mundial. Ela sorri para ele com gentileza e murmura: "Pobre sujeito, ele é capaz de suportar tudo isso?". Então o envia para o teste no vale escuro da prosperidade.

Poucos passam por ele imunes; poucos escapam sem adquirir alguma distorção mental, poucos escapam de rupturas em seus ideais ou novas marcas em seu caráter. Mas quando alguém, apesar de tudo, permanece tão bom, simples e amável quanto era quando começou a viagem, segue sendo gentil, sincero, forte, simpático e imaculado, a natureza fica feliz em admitir que encontrou um homem de verdade, um grande homem.

Chamamos de vale escuro da prosperidade porque, muitas vezes, ele escurece a visão das realidades mais sutis da vida. Nos estágios iniciais, na penumbra, os homens não conseguem ver seus velhos amigos quando passam. Surge uma peculiaridade dos músculos extensores que os impede de estender a mão a alguém que deixou de ser necessário para eles. Eles adquirem uma forma de embotamento da memória que os impede de lembrar favores passados e dívidas de gratidão com aqueles que os apoiaram em suas horas de necessidade. Não percebem a expansão repentina e crescente do peito. Descobrem, de uma maneira singular, que seus chapéus estão se tornando cada vez menores para elas.

No vale escuro, suas esperanças mais queridas e seus altos ideais muitas vezes escapam para o silêncio. Para eles, a avareza e a ambição são substituídas, vestidas com um avental de ouro, e o indivíduo pode, míope, confundi-las com um bem maior. Nas sombras, a consciência, o olhar da alma, torna-se, muitas vezes, embotada a ponto de não conseguir ver as distinções entre honra genuína e uma desonra que seus advogados informam ser tecnicamente legal. Eles deixam, muitas vezes, com essa visão moralmente esmaecida, de ver a diferença entre o certo e o errado, entre a justiça e a injustiça do poder mal utilizado. Essas são apenas amostras dos perigos que ameaçam a todos, mas que alguns superam.

O GRANDE TESTE DO CARÁTER INDIVIDUAL NÃO É A LUTA, MAS A REALIZAÇÃO; NÃO O FRACASSO, MAS O SUCESSO; NÃO A ADVERSIDADE, MAS A PROSPERIDADE.

Às vezes, eles tateiam ao longo do caminho, inconscientes do grande preço que estão pagando. De repente, podem perceber, sob uma explosão de luz solar temporária no vale, que de alguma forma, em algum lugar, perderam o amor, a simpatia, a confiança, a fé, a doçura da natureza ou outra coisa que era o que havia de mais querido para eles. Caiu na escuridão como um medalhão cai de uma corrente quebrada, e é possível que nunca mais encontrem. É hipocrisia varrer a riqueza, a fama, a prosperidade e o sucesso num monte de poeira moral, como vaidades do mundo. Todos nós os queremos. Aqueles que assumem uma postura moral elevada contra essas coisas são invejosos, ou estão abrindo caminho para conquistar os assentos dos fariseus na frente do templo da virtude. Essas coisas não são más em si mesmas. São grandes poderes para o bem, mas não são os maiores da vida. São menos do que as verdadeiras alegrias, como o amor, que nenhum dinheiro pode comprar. O erro consiste em adquiri-las pelo sacrifício da verdade, honra, justiça ou das verdadeiras virtudes da vida, ou quando são mal utilizadas ou consagradas ao lado egoísta da vida. O perigo dessas coisas está no efeito corruptor que o indivíduo dificilmente consegue evitar que exerça sobre ele.

Pobreza, luta, derrota e adversidade não são em si passaportes para a santidade, embora tenham dado força moral e doçura a milhares. Elas têm as próprias tentações duras e amargas que devemos enfrentar cara a cara. Esta não é uma luta fácil, é a batalha diária corpo a corpo com o destino. Mas suas tentações são geralmente diretas, ousadas, claramente definidas, e suas alegrias exigem muito pouco. Os testes tentadores da prosperidade vêm em circunstâncias sutis, douradas, perfumadas, mascaradas em disfarces enganosos.

A pobreza conhece a palavra "roubo"; a riqueza pode pensar em "financiamento". A pobreza conhece "inveja das posses de outro"; a riqueza pode alegar que tomar uma fábrica é "um bom negócio". Pode até, por algum estranho sofisma, justificar-se declarando que fará um bem maior para o povo. A pobreza tem fome de pão; a riqueza pode ter fome do ganha-pão dos trabalhadores. A pobreza geralmente vê o mal em suas fases agressivas e mais difíceis. A prosperidade pode encontrá-lo escondido e disfarçado como a víbora de Cleópatra em um buquê de flores. "Para um capaz de suportar a prosperidade", diz Carlyle, "cem podem suportar a adversidade."

Uma gota muito leve do ácido da prosperidade inicia a revelação do caráter do homem, mesmo que ele não seja grande o suficiente para ser simples. A menor elevação de posição, a menor nova boa sorte, alguma exaltação temporária podem revelá-lo. Você já viu o homem que teve um sucesso modesto na cidade grande e retorna à sua aldeia natal por uma semana? Ele diz que voltou para ver as pessoas, mas a verdade é que está ali para que as pessoas o vejam. Gosta da inveja que desperta naqueles que, diferentemente dele, não viveram na cidade grande. Ele quer se bronzear no calor e no fervor de sua admiração. Ele se espreguiça em sua cadeira reclinada, prende os polegares nas cavas do colete e toca um solo de flauta da vaidade no peito, usando os botões como teclas pressionadas pelos dedos.

Ele ocupa o centro do palco a cada minuto com seu monólogo. Há um toque de arrogância em sua caminhada, um tom irritante de tolerância e condescendência na fala, e aquela voz alta que usamos involuntariamente com os surdos. Ele é seu próprio Boswell e seu próprio Gabriel. É, talvez, apenas um tipo inofensivo de vaidade, mas mostra que ele está se aproximando da entrada do vale escuro. Quando um homem grande e simples de fama real volta, a história do que ele fez geralmente vaza incidentalmente; não explode como uma bomba.

O autor de um livro de sucesso pode ter conquistado suas honras porque escreveu com propósito sério. Sua mensagem era suprema, o que recebeu por ela é secundário. Mas ele pode ser atacado pela vertigem de ganhar dinheiro e esquecer todo o resto. Inspirado por sua editora, ele pode retomar com precipitação um livro antigo da juventude ou apressar-se em um novo volume para imprimi-lo antes que a onda da fama repentina morra nas praias do esquecimento. Ele agora fala menos de arte e mais de mercado. O novo livro pode fracassar porque ele caiu na armadilha do comercialismo no vale escuro da prosperidade.

Artistas e ilustradores bem-sucedidos, em muitos casos, não dão continuidade ao sucesso inicial que lhes rendeu fama. Eles difamam seu trabalho; ficam parados ou degeneram. Acentuam o superficial em seu estilo e pouco se importam com a força que antes era vital. Repetem os mesmos personagens, apenas em posições ligeiramente alteradas, como uma companhia de peças baratas com um elenco pequeno e um guarda-roupa escasso. Se alguém se aventura a dar aquele conselho gentil ou de protesto que sempre devemos dar aos necessitados, esses homens costumam dizer: "Ah, que diferença faz, paga bem". Eles deveriam encontrar algum bom samaritano para tirá-los do vale escuro da prosperidade e colocá-los de volta à luz do sol da luta e da inspiração da adversidade.

"PARA UM HOMEM CAPAZ DE SUPORTAR A PROSPERIDADE, CEM PODEM SUPORTAR A ADVERSIDADE".
(Thomas Carlyle)

O homem de negócios que começou de forma modesta e de repente descobre que a fortuna está despejando cornucópias[15] de ouro em seu colo pode achar difícil manter os pés no chão e não perder a cabeça. O demônio da ganância pode transformá-lo, ele quer mais. Ele é como o fazendeiro que só queria a terra vizinha à sua fazenda, cada adição aumenta

15 Cornucópias são símbolos de fertilidade, riqueza e abundância, originados na mitologia greco-romana.

o campo do desejo; quanto mais ele tem, mais ele quer. Então, é o milhão que possui o homem, não o homem que tem um milhão. Para acumular mais, ele pode desafiar leis, subornar legislaturas e comprar juízes. Como um Josué moderno, busca comandar o sol da justiça para mantê-lo parado. Mergulha em clorofórmio sua consciência empresarial até que ela durma tão profundamente que um terremoto não a abalaria.

A riqueza muitas vezes faz homens que começaram corajosamente com altos ideais e saúde moral se tornarem frios, duros, egoístas e pouco caridosos nesse caminho pelo vale escuro da prosperidade. Eles muitas vezes se tornam arrogantes e têm uma propensão para esperar ter sempre a última palavra. Parecem ter um assento no julgamento como se apenas seus olhos vissem o sol da verdade, como se só sua sabedoria sondasse a profundidade das grandes questões. A pressão anormal dos negócios muitas vezes os empurra para prazeres cujos custos e caráter eles normalmente não avaliam. Geralmente, estão ocupados demais para fazer um balanço dos bens da própria alma. A cultura dos afetos e sentimentos mais elevados é frequentemente abandonada. A própria intensidade do trabalho ou da diversão produz um tédio bocejante e ansioso, difícil de superar.

Trivialidades os afetam de um jeito estranho, eles ficam irritados, impacientes, irracionais quando encontram uma simples pétala de rosa amassada no sofá dourado de sua insônia. Eles se tornam cada vez mais desconfiados e dificilmente sabem em quem confiar. Temem que todos estejam abrindo caminho para algum acordo vantajoso; buscando furtivamente conquistar sua influência ou subtrair alguma coisa da pilha inútil de sua riqueza excedente. Eles podem ter apenas alguns amigos confiáveis e autênticos. Grande riqueza, assim como o gênio, isola o homem de seus semelhantes nos círculos mais próximos da vida.

Vamos viver com alegria e luminosidade na luz do sol do amor simples e real que significa o nosso grande "tudo"; com fé naqueles poucos ao nosso redor que resumem todo nosso mundo, percebendo a doçura das amizades verdadeiras e honestas que tanto inspiram; felizes no nobre círculo da lealdade, consagrando os deveres de hoje para promover um amanhã melhor, vivendo assim na alegria da vida simples na mais pura realidade altruísta, felizes porque as provações, os testes e as tentações do vale escuro realmente nos desprezaram, considerando-nos pouco importantes para merecer sua atenção.

Se chamados para os fardos da maior responsabilidade, vamos suportá-los bravamente e não deixar que nada nos roube a simplicidade, doçura, força, simpatia e tudo o que é excelente. Os maiores homens e mulheres são sempre os mais simples. Existem milhares que carregam seus grandes fardos de fama, sucesso, poder, prosperidade ou riqueza e permanecem felizes como antes e pouco danificados por tudo isso. Eles devem ser realmente personagens raros, de excelentes recursos de pensamento, coração, natureza e alma, que podem manter a coroa de sua individualidade após uma jornada pelo vale escuro da prosperidade.

grupo
novo
século

Compartilhando propósitos e conectando pessoas
Visite nosso site e fique por dentro dos nossos lançamentos:
www.gruponovoseculo.com.br

ns

facebook/novoseculoeditora
@novoseculoeditora
@NovoSeculo
novo século editora

gruponovoseculo
.com.br

Edição: 1ª
Fonte: Archer